生活勵志

033

微笑，

當生命陷落時

暢銷心靈作家 何權峰◎著

高寶書版集團

生活勵志　033

微笑，當生命陷落時

作　　者：何權峰
總 編 輯：林秀禎
編　　輯：張天韻
出 版 者：英屬維京群島商高寶國際有限公司台灣分公司
　　　　　Global Group Holdings, Ltd.
聯絡地址：台北市內湖區洲子街88號3樓
網　　址：gobooks.com.tw
電　　話：(02) 2799-2788
電　　傳：出版部(02) 2799-0909　行銷部 (02) 2799-3088
郵政劃撥：19394552
戶　　名：英屬維京群島商高寶國際有限公司台灣分公司
初版日期：2008年4月
發　　行：希代多媒體書版股份有限公司 / Printed in Taiwan

國家圖書館出版品預行編目資料

微笑，當生命陷落時/ 何權峰 著 - - 初版.
　- - 臺北市：高寶國際，　2008. 04
　　面；　公分. — （生活勵志 ；HL033）

ISBN　978-986-185-171-6（平裝）
1. 修身　2. 生活指導

192. 1　　　　　　　　　　　　　97004412

獻給

尋求心靈蛻變的靈魂

・目錄・

作者序

　　每當有人處在痛苦之中，那就表示他對那件事情不明白或有誤解，也就是對那件事情所含的較深意義不了解。

　　比方，你努力工作卻面臨失業；付出情感卻遇到負心人；沒做什麼壞事，卻遭逢劫難；這時疑問就會升起。「我為什麼會遇到這種事？」

　　再如，你不了解神，如果神是良善為什麼有災難？為什麼有人明明為非作歹，卻飛黃騰達，甚至很多小孩涉世未深，善惡都還分不清卻遭橫禍，「這有天理嗎？」「上天為什麼不公平？」

　　會有類似的疑問，那是因為我們都是以「人」的角度看事情，在狹隘的視野裡，看不見廣大的圖像。事實上，每個靈魂都是為了進化上的需要來到人世體驗自己，所謂的命運就是以此設計的，靈魂會選擇要經歷與完成的部分，上蒼則是根據靈魂的選擇，提供必要的經歷和考驗。就像學生選擇了想讀的學校、科系，老師會設計一些必要的課程和考試。每個靈魂需要的課題都不盡相同，所以命運也大不同。

　　換句話說，那些負面的人事物，全都是為了靈魂進化所安排的。它們之所以擺在我們生命裡，並不是要讓

我們生氣、痛苦、發瘋……每件事情的發生，都意在幫助我們進入更高層次的自己。

有些靈體會選擇最有效或最快的成長方式，像殘障或其他災難、悲劇，來作為學習課題。透過我們的遭遇，生命層次得以成長；透過我們的參悟，靈魂得以精進，這些都是為了幫助我們把自己帶入更高層次的進化。

當然，當事情深層的意義不被了解，我們會疑惑，會抗拒、混亂、悲苦，那是很自然的。人類的痛苦，不僅僅起因於不幸災難，更由於錯誤的認知導致。所以，在進入本書前，建議你，暫時拋棄所有先入為主的想法，以不論斷而覺知的態度來閱讀，相信你會獲得更多，畢竟它不是一般的書籍。

　　這本書將幫助你打開視野，使你認識生命更廣大的層面。從人的層次提升到「靈」的層次，就像打開電腦隱藏在指令下的多重視窗，使我們能以更寬廣的心靈視野來觀察生活中的各種境遇，而不至被有限的感官覺受和無知所惑。

　　喜樂來自了解，你越了解，你就越容易離苦得樂。沒錯，一旦明白所有發生在我們身上的事。

不以人看，要以靈看

了解自己，不只是在個人層次，從靈的層次經驗這一生是極為重要的。

當你了解自己較高層次的本我（本靈）時，你將開啟自己內在的智慧，從生命的表相進入全相。

所謂「全相」就是，你的意識從人提升到靈，你不再以某一特定的焦點去看待生命。你不再以一個身份、

一個職位、一個受害者；也不再以短期的悲苦、成敗、得失來看⋯⋯由於你已了解進化，你將能看清生命的真相。

你可以將自己每一天的煩惱、恐懼與擔心的事都交給較高層次的本我，也就是以靈的角度來看事情、處理問題，讓較高層次的自我在精神層次上指引你生命的走向。

說一則故事：

在帆船時代，有一位年輕船員第一次出海。他的船在北大西洋遭到了大風暴。這位船員受命去修整帆布。當他開始爬的時候，犯了一項錯誤，那就是向下看。波浪的翻騰使船搖盪得十分可怕。眼看這位年輕人就要失去平衡。就在那一瞬間，下面一位年紀較大的船員對他

叫道：「向上看，孩子，向上看。」這位年輕的船員果然因為向上看而恢復了平衡。

當你從高處走向低處，當你從山峰掉落山谷。記住：向上看！

當你失去平衡，當你恐懼、焦慮，當你疑惑，不知如何是好。記住：向上看！

「向上看」也就是往「更高的目標」看去，這樣我們就不會被下面的波浪所打擾，不會被外面的風風雨雨所影響。

人總習慣看表面、看眼前，所以活得很表面、很膚淺，而當我們以靈來看，我們就會走向內在，走向成長進化。

　　看得遠就會有遠見，看得有深度就可以活得有深度。是的，一個進入自己靈魂層次的人就可以讓自己進化到更高層次。

　　「向上看」也意味著「向內看」，是以靈的角度看；而「向下看」則意味著「向外看」，也就是以人的角度看事情。

　　一個向上看的人，凡事會「向內找」；一個向下看的人則是「向外求」。這層次是完全不同的。前者帶你走向進化，後者會走向退化。

為何靈魂要來人世？

　　每一個人的肉體內，都有一個稱之為「精神體」的東西，它就是我們的靈魂，有的稱之為意識，或稱為靈體或本靈。

　　生命的顯現是由於靈魂的需要，肉體只是物質世界的探險工具，目的是要來顯現我們的靈性（也是神性）。可惜，人一旦進入肉身，往往就「忘了本性」，有的人為了追求目標或生存競爭的壓力而忘了本性，有

人則因陷入悲苦，而認為自己是上天的受害者，忘了靈魂是來體驗的、是來人世學習的。

那靈魂為什麼一定要選擇以肉體來學習呢？

因為肉體有神經血管，有感知覺受，所以我們才能體驗情感、痛苦，每個靈體與其他靈體才能互動、溝通與學習，這是靈魂世界無法做到的。

像病痛就是很重要的課程，靈魂無法感受到痛；靈魂也無法體會什麼是死？什麼是生不如死？藉由肉體，以人的形式是絕對必要的，否則靈魂無法透過受苦來達到意識的提升。

拿爬一座山來說，靈魂可以輕易飛到山頂，而身體就沒辦法，但如果我們是用飛的到達山頂，就無法感受

那份成就和喜樂。那就是為什麼許多宗教或修練的人，會藉由外在的受苦來修行，為的就是修內在的靈。

人是由靈體所組成，祂是生命的隱形部分，靈就是我們的本質。更簡單地說，肉體就像一部車子，而你正是那駕車的人。

我們無法用一般肉眼看到靈魂，那是因為人只能看到三次元，而靈體是比三次元原子小的光子所組成，祂是四次元的，所以人無法以三次元的肉體五官來感知。只有一些心眼已開的人才看得到，還有一些則是用光學或電子科學儀器捕捉拍攝到的模糊影像，即所謂的靈異照片。

人死了只是靈魂離開了肉體，靈魂本身是不死的，所有靈魂的旅程都是循環不息、周而復始，只是投生的

肉體不同，靈魂還是同一體，故稱「本靈」。

隨著進化層次和學習課程的不同，我們一次又一次地選擇回到這個世界來，就是要去認識自己的「本來面目」，就是要提升精神體以超越肉體，從人性走向神性，這就是靈魂來到人世的目的。

一次元是個一條線的世界，二次元是有長有寬的平面世界，而三次元，也就是我們所處的世界，除了平面以外還有高度，四次元以上則是除了長寬高以外，還有其他向度的世界。

前面次元世界的人無法理解後面次元世界的人，因為二次元的世界根本就沒辦法體會物品還有高度，我們也無法體會四次元世界比我們多出來的那一個向

量在哪個方向。

　　舉例來說：螞蟻雖活在三次元物質界，但牠的感知是二次元平面世界。所以，如果你放一些食物在地上，不久螞蟻成隊而來，然後你從空中將食物取走，這時螞蟻們在附近平面上遍尋不著就會覺得大惑不解，牠們想不到還有另一個向度。活在二次元是沒辦法想像三次元的情形，就如同我們活在三次元世界的肉體及其五官沒法感知、想像四次元以上世界。

靈魂進化論

　　就如同人的肉體是由低等的生命演化而來，人的靈性也是進化的結果，人的靈性也是由低等的靈體不斷進化而來。

　　靈性和物種進化的層次有關，在動物之中，如狗、海豚、猴子等也都具有相當的靈性，但人則是其中進化較高的。

　　一般動物只活在物質層次，牠們吃、牠們喝、牠們睡覺，牠們既沒有理念也沒有能力去選擇理想。牠們雖然也會經歷災難，也會生老病死，但因為沒有意識和覺知，所以無法提升，那就是為什麼動物沒有什麼進化。現在的狗跟幾千年前的狗是一樣的。

　　一隻狗每天「游手好閒，無所事事」你不會覺得奇怪，但要是你每天這樣過，你會難過，因為你是有意識的。人必須為自己的生命負責。你不會對一隻動物說：「你這樣活著有意義嗎？」但你會問一個人說：「你這樣活著有意義嗎？」

　　所有動物都在一個水平線，牠們與出生時的狀況沒有兩樣，牠們只有老化，卻很難進化，只有人才有機會朝垂直方向成長，這是人身為萬物之靈的尊榮，也是獨一無二的。

　　所以，佛經常提到「人身」是極為難得的，為何難得？因為它給我們機會得到靈性的成長。透過學習，你的這一世比上一世層次更高，當然如果你不去進化，跟動物沒有兩樣，你就會掉入生物的層次。

　　如果我們活著只為吃喝玩樂，那麼我們就會將自己神聖的生命，鎖在物質的層面，退回到過去的動物性，我們的靈性將越來越低，生命的喜悅也將會漸行漸遠。

　　當然，這並不是說，我們要完全否定肉體的需要，而是肉體與靈體這兩者必須同時兼顧，不能偏執於一方。肉體上的需要必須被滿足，同樣地，精神上的需要也必須被滿足，然而我們普遍都太著重於肉體的需求了。

　　肉體的滿足，無法填補精神的空虛。所以，當我們縱情享樂之後，往往會覺得更空虛，這是許多人常有的經驗；還有像一些巨星、富豪，他們已經得到金錢、權力、名氣，為什麼還不滿足？為什麼沮喪和空虛？為什麼要吸毒、自殺？因為內在的空虛是無法由外在的東西來填補的。

　　人的靈性比較高，必須面對責任、面對成長、面對生命的意義。這也是人會有焦慮、痛苦與煩惱的原因，但同時人也是世上唯一能夠經驗喜樂的動物。無論我們願意與否，生命的潛在意識和覺知都催著我們一再地進化。

「人」既是屬於「物」，也是屬於「靈」。

人的肉體是低等的物種循物種進化的原則，逐次演化而來，而人的靈體則是由低等的靈體循靈魂進化的原則，逐次進化而來。

物種的進化，目前科學界一般認為人經過幾百萬年的演化，腦容量越來越大，腦細胞越多，思考能力也越強。而靈的進化則是從低靈進化到高靈，到更高層次的意識即是神佛。

肉體進化很好，不等於靈體進化很高。就像許多人雖擁有聰明的頭腦或高深學問，但卻做了很多蠢事。此外，擁有豐富的物質生活，也不保證會擁有豐富的精神生活。

肉體的進化可以產生高層次的心靈活動，對靈性的進化是有幫助的；然而太沉溺於物質，太執著於肉體則會讓靈性退化。

真有輪迴轉世嗎？

是的，人的靈魂每隔一段時間，就會從高次元的天界，降生到三次元的物質界（人世）。

東方有許多傳說，認為許多大師能夠預測自己在什麼時間、什麼地點再度回到世間。

例如，在西藏，當達賴喇嘛要過世的時候，他會預先告知他下一世會在哪裡出生，以及別人要如何認出

他。他會留下一些記號讓人可以指認，然後在他過世之後，那個找尋就會展開。可以講出那個秘密的小孩就被認為是那個過世喇嘛的轉世化身，因為只有他知道那個秘密，現在的達賴喇嘛就是以這樣的方式被發現的。

在精神醫學中，有些醫師則透過「輪迴療法」來治療一些病因不明或無法根治的疾病患者。最著名的例子是耶魯醫學院畢業、現為西奈山醫學中心精神科主任的布萊恩‧魏斯（Brian L. Weiss）醫生。

在其暢銷書《前世今生——生命輪迴的前世療法》（2000年，張老師文化，*Many Lives, Many Master*）中描述了一位病人凱瑟琳。這位金髮碧眼的模特兒，回憶出十幾個栩栩如生的前世，重新經歷了造成她今生各種恐懼與病痛的原因，並因而使她的病症痊癒。

也有心理學家觀察到某些人天生怕高、怕水、怕暗等等，這些與生俱來的恐懼感經催眠後，發現所有症狀皆源於前世不幸的遭遇。

有些病人被催眠的時候，竟會說拉丁文、古希臘文或西班牙文，而這些外國語是病人今生的經驗中所不可能接觸的；此外印度還發現有些兒童三歲時就開口訴說前世生活背景，諸如此類的案例不勝枚舉。

而前世記憶如何傳遞到今生呢？那就得拜「潛意識」（佛教稱第八識：「阿賴耶識」）之賜了。

第八識好比一片電腦軟體，當硬體毀壞了，軟體中的程式卻不會消滅。當某人再轉世時，軟體中的程式潛藏於第八識隱隱約約地影響人的一生。

　　有人或許會問，如果靈魂會重生，那我怎麼不記得呢？

　　你對嬰兒期的自己，又記得多少？更何況是早在嬰兒期以前的事。記憶被遺忘是很自然而「必要的」。

　　當精子與卵子結合的那一剎那，轉世的靈魂就進入了這個受精卵，並逐漸失去它的意識。因為前世的記憶會干擾到今生的學習。新的一生必須從頭開始，就好像我們必須換教材才能學到不同課程一樣。

　　一個人到了年老，記憶會自然減退，好讓他對過去開始遺忘；當老人死掉，然後誕生為嬰兒，就完全沒有過去，如果他能夠記住過去，他將會已經是老的，那麼整個重生的目的就喪失掉了。

　　你或許愛上某個人，如果你突然覺知到那個人是你前世的孩子或殺父仇人，事情將會變得非常複雜，現在該怎麼辦？你要繼續下去嗎？

　　所以，遺忘是必要的，每次輪迴都必須從頭來過。

　　許多在剛開始接觸前世經驗的人可能和我一樣感到懷疑和困惑，但是如果我們願意積極地往自己內心深處去尋找答案，所有的懷疑都轉成了對於內心深處的了解。知道自己曾經活過，會為我們今生帶來一些啟示和意向，所有的困惑頓時也變得豁然開朗。

　　輪迴是一種學習過程。
　　轉世論發現有種規律模式，不斷地透過靈魂的重

生使我們能夠進入一種不同的知性層次，我們的靈魂將會為了學習新知和了解與解決前世的無知，而重生在一具新的肉身之中。

　　每一次降生的靈魂都會根據進化的需要，安排學習的課程，如果你在上一世有很多問題尚未解決，那麼新的一世將會從那些問題開始……不論中間相隔多久。

一個人到了年老，記憶會自然減退，好讓他對過去開始遺忘；當老人死掉，然後誕生為嬰兒，就完全沒有過去，如果他能夠記住過去，他將會已經是老的，那麼整個重生的目的就喪失掉了。

轉世的藍圖

　　生命不是從出生的時候開始的，生命是從更早以前開始。生命是從我們前世死亡那一刻開始，當我們死的時候，那只是生命的一個章節，那整本生命之書有無數章節，這一章完結了，於是下一章接下去。但整本書還沒結束，只要再往下翻，接下去又開始另一章。

　　垂死的人會開始觀想他的「生命史」，是個已知的事實，因為這是發生在這一章結束前的事。偶爾會有人

從最後一刻的地方回來，例如有人心臟病突發，昏迷不醒，後來經急診搶救，好不容易活過來。這些曾經待過生死邊緣的人，會提到一些特殊的親身經歷。

其中之一是，在瀕死的時候，會在短短一瞬間看到自己整個一生在眼前閃過：自出生到死前。不僅是原本記得的事，連早就遺忘、根本沒有注意過的事，都會像電影一樣，在眼前快速放映。那確實是很有意義的一個現象。

這個說法跟佛教經典所說的臨終現象非常相似，佛教認為人在彌留時，自己一生所有的經歷，都會在眼前重演一遍。這實際上就是在下載。這些「影片」就像在生前時已做了精細的錄影一般，為的是作為下一次轉世的藍圖。

在我們離開這一世，都會到一個屬靈的世界，在那裡我們可以與其他的指導老師（高靈或神）研究，哪一種課程是我們需要學習的。就像在大學時，我們向指導老師商量一下課程的內容，當我們選定課程之後，我們就開始選擇我們的父母、長相及環境，選擇了我們所謂的命運。

這個選擇將會決定我們的下一生會如何，有哪些不及格的科目要補考或重修，還有哪些課程要加強，任何還沒完成和學會的功課都將作為下一世經驗和學習的目標。

每一個靈都可以自由選擇，至於選擇的結果是好是壞，那都不重要，重要的是學習，因為整個生命的目的就是為了進化。所以不管你遭遇什麼都是好的，都是對的。沒有什麼是不幸，也沒有人是受害者，你選擇了自

己的肉體，你選擇了那個家庭，你選擇遇到那些事，都是你所需要的。不論你選擇什麼，你將學習得更多、更豐富。

引自紀伯倫（Jibran Khalil Jibran，1883-1931）的話：「人就像一朵擁有無數花瓣的蓮花，層層展露。」

我們每個人身上也都帶著一顆種子，那顆種子將會長成大樹，將會開花結果，從小小種子身上看不出它將來長成什麼樣子，但它裡面可是有一張完整藍圖，等著層層展露。

人在醒著時多半沒有進入四次元以上時空的經驗，但是當我們在睡夢中，精神體或靈魂脫離肉體

後，就完全進入異次元時空了，這是許多人常有的經驗。有時只睡一小時或十多分鐘，但在夢境中，卻感覺好像已經過了好久好久，就像「南柯一夢」一樣，雖然短暫卻如隔三世。

　　同樣的情況，人臨終或因意外災害死亡時，我們這一生中的一景一幕，所有的影像、聲音，在死亡的那一刻，便一點一滴浮現出來，且一直漸往年輕的時候推算，最後會想起童年的時光，只花費幾分鐘的時間，就能將人一生五、六十年的每一件事，都倒帶一遍。

靈魂的旅程

　　既然投生的靈體對父母、家庭環境和身體的選擇是自由的。若是這樣,許多人不免要問:為什麼靈體要選擇貧困環境、坎坷的命運、殘缺的身體,或任何不利的狀況,為什麼?

　　不為別的,還是為了進化。你會這樣想是因為以一個常人角度來看,而以靈的角度就完全不同,那些經驗對進化幫助極大。

這就好比某個人突然發現他越來越胖，於是他決心減肥，他選擇讓自己捱餓，並要求自己每天跑操場三十圈，以達成減肥的目的。

人們常選擇某些不快意的事，把它當作達成特定目的的手段。比方，為了讓成績變好，我們可能選擇一家特別嚴厲的補習班，讓成績突飛猛進；為了發展肌肉，人可能藉舉重來鍛鍊自己，靈魂也是這樣，我們的命運即扮演一個「重錘」的角色。

靈魂在進入肉身之前，對自己的使命非常清楚，也有信心加以完成。所以當人對自己深具信心，就能發揮潛能。所以，面對困難我們要有自信。

有些極具向上心的靈，會選擇成為殘障者，原因是

殘缺肉體對靈魂精進可以快速提升，對他人也有正面效應，如此還可以幫助父母成長，所以，一些想學習同情和悲憫的靈，也常會選擇有缺陷的肉體或照顧殘缺肉體來作為習題。

人們選擇的親密愛人，往往跟自己的個性和生活方式不同，道理也是一樣，如此可以讓彼此學到更多。

在我們出生前，我們的靈魂很清楚自己哪些部分需要「補強」，每一個靈魂都從自己靈魂的弱點出發作為進化的目標。

如果愛是你的課題，你可能會遇到一些很難愛或不愛你的人；如果情緒是你的課題，你可能常會遇到一些讓你生氣的人和事；如果你太驕傲，你可能會常遇到挫折和失敗，直到你學會謙卑；如果你太執著於錢財，那

麼你可能常會有錢財的問題……沒有人能告訴你你的課題是什麼，那要靠你自己去發掘。

神話學大師喬瑟夫・坎伯（Joseph Campbell）說得好：「你就是自己想了解的那個秘密。」

你的靈魂事先選擇這樣的肉體、這樣的父母、這樣的家境。所以，下一步你要問自己的是：為什麼？

較高層次的自我可以說是我們的良師益友。透過你的經歷，不論是過去還是現在，你都能夠對自己有進一步的認識。你會從自己的經驗中得到智慧，同時透過你的經歷，你就能夠了解有關自己的真相。藉由了解自己的真相，你也將自己的學習程度提升一層。

人們常問上天為什麼，那是搞錯了方向，如果你了

解生命秘密的運作過程，你就會了解，其實自己才是應
該被發問的對象。

引自法國哲人帕斯葛（Blaise Pascal）的話：「心
所擁有的理由，理智不知道。」

所以不要評斷別人的經驗，包括天生殘疾、遭遇
到不幸或厄運，我們為此感到悲憤是自然的。但不要
論斷，因為你不知道另一個靈魂所循的旅程。

當我們經歷問題和困境也是一樣，你不是問上天
為什麼，你應該向內求。因為心靈比理智更接近我們
的靈魂。

問題是補強弱點

　　眾所周知，一只水桶盛水的多少，並不取決於桶壁上最高的那塊木板，而是取決於桶壁上最低的那塊木板，道理很簡單，只要木桶裡有一塊木板不夠高，木桶的水就不可能裝滿，因為水會從最低處流失，對嗎？所以，想提高木桶的容量，應該補強那最低木板的高度，這才是有效也是唯一的辦法。

　　靈魂進化也是一樣，靈魂要尋求那最高的自己，必

須從最低處開始。

當面對壓力時，最弱的器官最先發病。當有問題打擊你，最先垮下來的通常是你最弱的一環。所以，每一個精神進化都從自己靈魂的弱點出發。在生命中發生的問題正好提醒我們什麼地方該加強。

說一則故事：

有一位在車禍中不幸失去了左臂的十幾歲小男孩，決定向一位老師學習柔道。

他很認真地學習，不過令他不解的是，六個月過去了，老師卻只是重複地教他同一個動作。

他忍不住問老師：「您能不能再多教我一些動作？」

老師回答他說：「你只要把這個動作學好就可以

了。」

　　雖然男孩並不了解老師的用意，不過他相信老師的話，繼續努力學習。

　　幾個月過去了，老師決定帶他去參加一個升段鑑定比賽。

　　在比賽中，他很熟練地運用老師所教的動作，過關斬將。一直到了決賽，雖然對手強悍得令他幾乎招架不住，他仍然在一番苦戰後，反敗為勝，得到冠軍。

　　回家的路上，男孩問老師，為什麼只用老師所教的一個動作，他就贏了這場比賽？

　　老師回答他說：「有兩個原因：一、我教你的招式是柔道中最難的一個動作，你很精通；二、對手想要破解這個招式則只有一個動作，一定要抓住你的左手。」

　　這個男孩最弱的地方，竟成了他致勝的關鍵所在。

　　人們常覺得不解，有時越害怕的事卻越常遇到；越討厭、越想避開的人，反而越常碰上；越不想面對的問題和麻煩，卻總是找上了你⋯⋯原因其實都是為了要補強你的弱點。

　　生活中我們每次遭遇的困難，幾乎都和我們身體、心智和情緒上的弱點有所關連，那就是為什麼有一些問題老是發生在你身上，目的就是去修補最短的那塊木板。

　　人人都有一些屬於他自己的核心問題，你可以將你的核心問題視為你的「課程」，認真地去面對。只要善加利用，我們也能像這個男孩一樣，反敗為勝，在自己的弱點和缺陷上，看到神的另一種祝福。

　　什麼是問題？當你的智慧低於它，它就是問題；你的智慧高於它，它就不是問題了。問題表示你的智慧還不夠。

　　為什麼你會遇到某些事，而別人卻不會？為什麼你會陷入其中，而別人卻不會？因為你在「那方面」比較弱，就像在某些方面你比較行，當別人覺得苦惱，而你卻能迎刃而解，道理是一樣的。

　　人們常質疑為什麼老遇到這種人和事？因為你老是學不會。

　　那些你不想的，正是生命認為它應該給你的。

不幫助的幫助

靈魂進化需要補強弱點，而在天界的高靈和成就者（以下簡稱神）則會根據每個人的需要，安排一些對我們有幫助的經歷。所以，神會讓某件事發生在我們身上，必定有祂的美意，而這個美意一定是「為了你好」。

「如果神是為我好，為什麼要讓我受罪？」「如果神是慈悲，為什麼不幫我消災解難，為什麼不賜福給

我？」這是人們常有的誤解。

慈悲並不是「有求必應」。一個孩童可能認為如果可以每天玩樂是最棒的；但如果你是老師或父母，你會認同嗎？

當你以成人的身份來看小孩心中的「好日子」一定會覺得可笑，孩子認為最好是不必上學，沒有考試，可以天天看電視、打電動，可以每天吃糖果、冰淇淋。然而，如果你從較高的觀點來看，就很容易明白那樣對他們非但沒幫助，而且有害。在神的眼裡，我們這些成年人與小孩其實沒什麼兩樣，我們也想吃好過好、想成天玩樂，無憂無慮……

所以，神為我們設定更高的願景，並且幫助我們創造它，而不是給予我們要求的事物。祂讓我們挫敗，以

激勵我們奮力不懈；祂讓我們物質匱乏，以幫助我們發展更多潛能；祂不讓我們不勞而獲，好讓我們能創造自己的價值；祂不輕易對我們伸出援手，好讓我們變得更強。

在佛經上有記載：有次，釋迦牟尼佛的弟子當中有人跌倒，一旁的弟子們想去扶起。

這時，釋迦牟尼佛卻制止他們：

「讓他自己起來！一個人既然因地而倒，就一定能因地而起。」

佛陀雖慈悲，但祂非常清楚，有時「不幫助才是最好的幫助」。

當你觀察孩子學習新的技能，有時你也會很想跳進去幫忙。但是當你幫得越多，他們能學到的就越少，不管他付出的努力是多少，除非他自己嘗試，否則無法學

習。你必須耐心守候，讓他們從嘗試和錯誤中學習。神對我們也一樣，當我們陷入困境，祂不會介入，如果祂扮演解救者的角色，可能會拿走我們的功課，以及我們自行脫困時所獲得的成長。

神很慈悲，祂不在乎你會怎麼想，也不在乎你的抱怨，因為這不是祂關切的。祂在乎的是你，是你的成長，在乎的是如何幫助你成為「更好的你」。可惜多數人都不了解，也無法以較高的視野來看眼前發生的事，所以才會去質疑。

智慧是教會人捕魚，而不是給他們魚。

神不會隨便給我們「想要的」，而是給予「需要的」。祂不給我們「所祈求的」，那是因為祂看到我

們「所需要的」。

只要你明白，「給你最好的，並不是對你最好」。你就會明白事情為什麼會這樣——一切都是為了你好。

所以，神為我們設定更高的願景，並且幫助我們創造它，而不是給予我們要求的事物。祂讓我們挫敗，以激勵我們奮力不懈；祂讓我們物質匱乏，以幫助我們發展更多潛能；祂不讓我們不勞而獲，好讓我們能創造自己的價值；祂不輕易對我們伸出援手，好讓我們變得更強。

災難的目的

災難的發生，對一般人而言是不好的，可是由生命的觀點來看，卻是好的，它會使人回到生命的原點，回到靈魂進化的道路上。

當你受到打擊，那是很有幫助的經驗，因為那可以讓我們發現自己的真相。在一切順遂的時候，你將很難看見自己的問題，只有在困厄席捲的狀況下，你才會看見內在種種的恐懼、脆弱、不安與逃避。挫折和失敗，

可以讓我們重新找到自己的定位。

有人認為生病是不好的，錯了！其實疾病可以幫助我們把問題從外頭拉回自己的身上。你沒有注意到嗎？很多人在生了一場重病之後，對生命的觀點就全變了，他們不再像以前一樣糊塗地過日子。

有人因重病、失戀、離婚、失業、破產或發生不幸而感到悲傷，這是很正常的。但是我們需要瞭解在更深的層面裡頭，究竟發生了什麼事。其實我們正在拆除一部分的老舊身分。

人們害怕離開擁有和熟悉的人事物，那是因為我們害怕失去……然而，我們若以更高的視野來看，就可以理解神為什麼會讓這樣的事發生。因為若不是這樣，你就不可能蛻變。

神關心的，不是我們會失去什麼，因為我們擁有的一切遲早都會失去，當死亡到來什麼也帶不走，祂在意的是失去之後，我們會得到什麼？這才是神所關心的。

哲學家尤金·歐尼爾（Eugene O'Neill，1888-1953）說得對：「沒有人擋得住生命加諸於我們身上的事。在你察覺前它們已發生了，而且它們一旦發生之後，就會迫使你做出一些其他的行為，直到最後所有的事情都和你希望的情況相悖，而你永遠失去了自我。」

現在事情已經發生，我們生了一場大病、愛人背叛、工作沒了、財務危機、親人死亡，這些遭遇都會迫使我們做出改變，情況就是這樣。當我們沒有地方可以逃避的時候，事情會變得非常清楚。也許，我們的潛意識裡一直在期待的，就是這個契機。

這是我常提到的故事：

有一朵看似弱不禁風的小花，生長在一棵高聳的大松樹下。小花非常慶幸有大松樹成為她的保護，為她擋風擋雨，每天可以高枕無憂。

有一天，突然來了一群伐木工人，兩三下的功夫，就把大樹整個鋸了下來。小花非常傷心，痛哭道：「天啊！我所有的保護都失去了；從此那些囂張的狂風會把我吹倒，滂沱的大雨會把我打倒！」

遠處的另一棵樹安慰她說：「不要這麼想，剛好相反，少了大樹的阻擋，陽光會照耀妳、甘霖會滋潤妳；妳弱小的身軀將長得更苗壯，妳盛開的花瓣將一一呈現在燦爛的日光下。人們會看到妳，並且稱讚妳說，這朵可愛的小花長得真美麗啊！」

少了大樹的阻擋，陽光會照耀妳。

　　神知道我們的脆弱、恐懼，祂知道我們會抗拒，會逃避，所以由祂來幫我們做。這是「吃力又不討好」的事，如果沒有祂幫忙，我們將很難進化，除非有祂幫忙，否則我們不可能辦到，我們怎麼可能辦到？這就是災難要幫我們的。

　　如果你往內看，你就會發現生命加諸於你身上的事，都是一種祝福。如果不是那樣的話，你一定還是老樣子。

　　你是否發現宇宙有一個規律就是：當人們遠離他們的精神生命後，災難就來臨了。其實所有的災難都是一項生命所帶來的訊息，它在告訴人們：不要忘了

你是誰？它都在幫助人們向內走。

災難是給我們一個訊號：「回到精神進化的路上來，不要走歪了。」

你沒有發現嗎？許多人在歷經災難不幸之後，會開始探究生命，這就是災難的目的。正面的不幸通常是一種恩典，它用一種撞擊的方式，提醒我們必須調整原來因循苟且和無意義的生命狀態。

災難是一些已進化的高靈，幫助那些沈迷於人世遊戲的靈魂，重新回到進化的路上。

進化最快速的路

人都很難忍受變動。情人難以忍受對方移情別戀的「變動」；一向身體健康的人，難以忍受突然罹患大病的「變動」；一直穩定工作的人，難以忍受突然離職的「變動」；朝夕相處的親人，難以忍受至親離開的「變動」……並因為變動的無常而陷入痛苦。

很少人了解到，其實任何變動都是生命轉變的最好機會。正如渾沌原理所指出的，「宇宙間最微小的

變化，都會引起連鎖效應，進而使得整個系統受到影響，甚至終使系統整體再次呈現渾沌，而後形成新的秩序。」

生命的變動也是一樣，如果我們能夠衝破迷障，順著更高的目的而行，命運將隨即出現大幅變化，甚至，整個生命藍圖都可能在轉瞬間被改寫。

人一直活在水平線，生命是水平的移動。變化是跳躍的、是垂直的，如果我們願意承擔變動，超越無常，那就好像坐上進化的直達天梯，如此，我們不再是水平移動，而是垂直地移動。就像古代煉金術一樣，我們能把沉重的鉛塊，蛻變成開啟心智的黃金；在每一次變動的考驗中，我們能把生命提升到更高的層次。

大家不妨回想一下，周遭是否有人在經歷某些事件

之後，生命似乎產生了重大轉變，一切豁然開朗，全然
改觀？

　　預期外的經驗，往往是預期外的祝福。多數人在
生命的盡頭回顧一生，都不後悔曾經有過的壞經驗，因
為每一段經歷都讓他們從中學到點什麼。你所經歷的一
切，走過的每一場風暴，都是超越自己的一個絕佳契
機。

　　是的，摧毀之後我們才有可能創造出新的東西。我
們的過去必須先被摧毀，新的未來才會誕生。我們歷經
一連串可怕的混亂與痛苦，此時，通常也代表我們正處
於改變的關鍵時刻。

　　有些人因為精神體進化改變，肉體在適應過程常
會出現心理焦慮不安、身體不適或其他類似生病的情形

（淨化反應），那是正常的，因為肉體還不習慣頻率較高層次的生命能量，當我們慢慢適應這股頻率更高的新能量，生命很快就進入一個新的層次。

我知道，這過程並不容易，當你生活在夢中，突然有人把你叫醒，你當然會覺得很生氣；一個人在這段旅程若沒有指引，茫然無知，當然會掙扎和疑惑。但這是每一個靈魂轉化必經的過程，否則我們無法覺醒和躍進。

抗拒或逃避變動，等於是放棄了「大學課程」繼續停留在「小學」，那樣永遠無法向上進化。

變的開始，混亂是改變必經過程，成長則是改變的結果。

變動常會讓人經歷絕境，走到一個窮途末路的點。當我們覺得一切都完了，就快撐不下去了，這時整個生命便開始轉化。

然後，有一天，你會忽然豁然開朗地了悟，你會發現你更成熟，你會知道自己不一樣了。

記住，你並沒有迷路，你正在走的路，會領你走向下一條路，再下一條路，那是一條進化最快速的道路。

「有教無類」

人，生來是公平的，也是自由的。

陽光不會只照有錢人，不照窮人；陽光不會只照射蘋果樹，不照檸檬樹，果樹照射陽光不同，那是因為有些果樹長在高山，有的在低谷，有的向陽，有些背陽。大自然一直是公平的。

颱風地震的發生對人也是沒有選擇性。颱風會吹倒

樹木、拉倒電線、摧毀房屋；豪雨會給人們帶來水患、土石流，甚至破壞家園、傷害人們，那都是自然的現象。然而站在人的立場，我們卻希望颱風、豪雨就算把別人毀了，也不要損壞到我們；這時如果我們的房子受損，家人受傷，我們會覺得自己怎麼那麼不幸，「為什麼老天要這樣對我？」

但老天是故意在找你麻煩嗎？你認為颱風豪雨是故意來打擊你、摧毀你的嗎？不，它們根本就不認識你，它並不知道你家就在那裡，它不知道你的房子地基不穩，它不知道你的家人還在外頭，它不知道那個招牌會砸下來……

這世界上的問題在你出現之前就已經存在了，而且在你離開之後也還會繼續存在。神是「有教無類」，神沒有特別偏好，也不會故意找你麻煩。換句話說，祂不

會為了你的緣故而破壞自己的法則。

　　人的出生不同，就像成為蘋果樹、檸檬樹一樣，那是靈魂自由的選擇，這點在前面我已經說過。至於每個人的境遇為何不同，除了自然無常的考驗，就是神依據靈魂選擇所作的選擇「因材施教」，就像果樹有的在高山，有的在低谷，有的向陽，有些背陽；最後日曬雨淋不同，顏色和甜度也不同。

　　向陽的可能光線充足，水份不足；背陽的水份足夠，可能光線不足；任何選擇，都是有得有失，那是公平的。

　　人們常質疑命運，那是因為不了解神的管理方式。祂管理人的方式，就像祂管理大自然的方式一樣：「制定了一套律法，然後給予人意志的自由，讓人自由的選

擇，並承擔選擇的結果。」

　　過去許多人認為對命運並沒有自由，人從出生起生命的腳本已經寫好。他們認為我們所看到的一切並不是我們在做，而是大自然的無意識力量或是神在做，而我們只能按照特定的路線走，只是按照腳本演出。這個看待生命的角度是錯誤的。

　　事實上，命運雖然是每一個靈魂根據他自己的需求而選擇的，但轉世後的自由意志可以隨時改變，一旦一個人的自由意志改變（心念）之後，命運也就改變。

　　你看有些殘障者、遇到災難或窮苦的人，他們過得非常喜樂，非常圓滿，他們就是體驗到靈魂的自由意志，他們超越了肉體，超越了命運，就像在烈日曬嚴寒的高山上也能結出甜美多汁的蘋果。

　神是「有教無類」，命運是「因材施教」。

　「有教無類」是自然的法則，「因材施教」則是靈的選擇。

　然而，不管是自然的法則或是靈的選擇，我們都是自由的。我們的遭遇不能決定我們的命運，我們才是命運的主人。

「至高」的期待

　　上天是很慈悲的，祂不會把我們所不能承擔的，強加在我們身上，祂讓我們去背負都是我們有能力背負的。

　　每個人需要的不同，如果上天覺得你需要揹一公斤，祂就給你一公斤，當你能揹二公斤，祂就給你兩公斤。如果祂突然給你加了很多重量，那是因為祂很「看重你」，祂對你有更高的期待。

　　所以，你去注意一下，你會發現許多人會去感謝災難。「感謝上帝！」德瑞莎修女（Mother Teresa of Calcutta，1910－1997）說：「我知道上帝不會把我做不了的事情交給我，我真希望祂不是那樣信任我。」

　　我也常聽到有些殘障和智障者的父母，語重心長地說：「上天相信我有能力，所以把這負擔交給我」。

　　「感謝上天賜予我那麼重的負擔。」作家拉比·艾力亞薩爾說得更明白：「如果有一個人，擁有一頭強牛與一頭弱牛。那麼他會讓哪頭牛拉犁呢？當然是強牛。所以，神總是給有能力的人背負更重的負擔。」

　　從這個基點，我們就很容易可以理解，為什麼美國著名作家皮爾博士（Norman Vincent Peale）會這麼說，

他說他自己若是好一陣子沒碰到問題，便會仰天長問：
「上帝，你不再愛我了嗎？你為什麼不再給我一些挑戰
和挫折呢？」

這種感恩即是所謂「認知再造」的奇妙過程。當我
們用一種新脈絡中去看事物時，我們會對原先可能詛咒
的事物變得感謝。

當然，就一般人來說，我們在承受各種痛苦負擔
的時候，確實很難如此正面思考，但也正因為如此，那
才是我們的考驗！我們應該在自己腦海裡設想一幕「至
高」（supreme）的期待，去盡自己可能做最好表現。

前美國總統柯林頓到非洲訪問，盧安達大屠殺中
有位生還的女人被砍成重傷，倒地垂危，醒來時發現置
身於血泊之中，而丈夫與六個子女都躺在一旁，已然氣

絕。她曾經絕望地向上帝哭喊，為何要她單獨活下來？

　　說話時已氣度莊重的非洲女人告訴柯林頓：「我漸漸明白，不會為了報復，我竭盡所能幫助大家，重新開始。」她把剩餘力量用在幫助。

　　當你找到那「更高的自我」，也就找到靈魂的使命。就像電影《一路上有你》（*Simon Birch*）中，那位身體發展遲緩的小孩，一再告訴自己：「上帝對我一定有特別的期待」。

　　非常的痛苦也代表非常的期待。一點都沒錯！

靈魂的進化是有層次的，以「時空連續體」為基層，進化為「物質層」，再進化為「生命層」，最上一層為「心靈層」。每一層各有其特性，越高層次越走向內在，每一層又是由下一層進化而來。

神（高靈）會根據靈魂的需求和層次「因材施教」。黏土越多，造的佛像就大；麻煩越大，造就的成長就越大，層次也就越高。

階梯的用途

　　有些宗教家把人比喻成梯子，梯子可以拿來做兩件事：你可以拿它來往上爬，也可以用它來往下走。命運也是一樣，你可以用它來讓自己向上，也可以用它來讓自己向下。這都看你自己。

　　正如一個弱點和失敗可以成為最大的激勵，也可以成為喪膽的原因；一段艱難的感情，也許讓人學會如何去愛人愛己，同樣也有人從此對愛懷著恐懼與敵意；豐

碩的錢財，可以令人學會分享與利他，卻也可以叫人迷失本性；一場不幸，可以讓人奮發圖強，然而也有人從此沉淪頹喪下去……

　　許多人原本可以藉由「階梯」超越命運，卻不這麼做，那就是人們無知的地方。我們可以更上一層，卻沒有向上，反而因抱怨自憐而沉淪。

　　我曾讀過一則故事：

　　有個人在年輕時被人陷害，在牢房裡待了九年，後來冤案偵破，他終於走出了監獄。出監獄之後，他開始每天不斷控訴、咒罵：「我真不幸，在年輕有為的時候就遭受冤屈，那地方簡直跟地獄一樣，根本不是人居住的地方，狹窄得連轉身都困難。唯一的細小窗口裡幾乎看不到太陽，冬天寒風刺骨，夏天蚊蟲叮咬……真不明

白，上帝為什麼不懲罰那個陷害我的傢伙，即使將他千刀萬剮，也難以解我心頭之恨！」

當他年過七旬，在貧病交加中，他終於臥床不起。彌留之際，牧師來到他的床邊：「可憐的孩子，到天堂之前，懺悔你在人世間的一切罪惡吧……」

牧師的話還沒說完，病床上的他即聲嘶力竭地叫喊起來：「我沒有什麼需要懺悔，我需要的是詛咒，詛咒那些害我不幸的人……」

詛咒不幸不能帶來幸福。人們在面對痛苦不幸總習慣怨嘆咒罵，卻很少人靜下來好好想，痛苦到底是為了什麼？

階梯的用途並不是讓人站在上面，而是要爬到上面。悲苦的命運也不是要讓人承受痛苦，而是要人超越它。

階梯是直行的阻礙，是絆腳石，但如果往上提升，階梯就成了墊腳石。

我很喜歡耶路撒冷的這段當代禱詞。這段禱詞建議我們在爬樓梯的時候，想像自己一步步提升為更好的人：

階梯讓我爬向房子的最高處，

我看見美麗的風景。

只要有階梯，我便可以爬上天堂之殿。

每天兩、三階，走向天堂之殿，

每當我踏上階梯，

將變得更好、更和善，

對祢的恩賜更心存感激。

——《星橋》（ *The Bridge of Stars* ），馬克思·

布雷布魯克編

　　命運就像階梯一樣，你可以透過它達到另一個層次，但如果你執著於階梯，甚至把階梯拿掉，又如何更上一層樓？

　　命運的最大效用，即是讓人利用它來超越命運。

　　路旁一棵果樹，不會憑空長出來，一定是地上曾經有一粒果樹的種籽，這一株比那一株甜也一定有原因的，可能它是甜種，也可能它曾經被接枝改良。

　　「甜種」是命，「接枝改良」是運。芒果命中注定是酸的，接枝改良卻可以變成甜。

　　接枝改良看似不好的遭遇，卻造就甜美果實。

你也在繞圈子嗎？

有一則唐僧取經的寓言故事：

唐僧玄奘前往西天取經時所騎的白馬只是長安城中一家磨坊裡一匹普通的白馬。這匹馬並沒有什麼出眾之處，只不過一生下來就在磨坊裡工作，身強體健，吃苦耐勞，從不搗亂。

玄奘大師心想：西方路途遙遠，去時要坐騎，回來時要負馱經書。況且自己的騎術又不是很好，還是挑選

忠實可靠的馬吧。選來選去，就選中了磨坊的這匹馬。

這一去，就是十七年。待唐僧返回東土大唐，已是名滿天下的傳奇英雄，這匹馬也成了取經的功臣，被譽為「大唐第一名馬」。

白馬衣錦還鄉，來到昔日的磨坊看望老朋友。一大群驢子和老馬圍著白馬，聽白馬講取經途中的見聞以及今日的榮耀，大家稱羨不已。

白馬很平靜地說：「各位，我也沒有什麼了不起，只不過有幸被玄奘大師選中，一步一步西去東回而已。這十七年間，大家也沒閒著，只不過你們是在家門口來回打轉。其實，我走一步，你也在走一步，咱們走過的路還是一般長，也一樣的辛苦。」

眾驢子和馬都靜了下來。是啊，自己也沒閒著啊，怎麼人家就「功成名就」，自己還是老樣子呢？

這話真的很發人深省。如果你在房間裡一圈又一圈

地走，你可以走上幾百公里的路，但不管你走多少年，還是無法從房間走出去。但是如果你知道門在哪裡，那麼，很快就可以走出去。

我們一生一直都在繞圈子⋯⋯一圈又一圈，我們就像那些驢子和馬，每天也沒閒著，並不是我們不努力，而是不知道「為了什麼」而努力；我們一生也都在受苦，但「除了痛苦」之外，並沒有從中得到什麼？似乎所有人都繞不出那個圈子。

我非常認同杜斯妥也夫斯基（Dostoevsky，1821-1881）所說的一句話：「我只害怕一件事情，我怕我不值得自己所受的苦。」

他說得對，如果你已經承受了痛苦，欠缺的是去領悟痛苦以外的感受。千萬別白白受苦了，否則那輪迴的

圈子一定會再繞回來。

　　記得心理學家法蘭克爾（Frank Visser）寫過：
「活著就是要受苦，受苦是要找到受苦的意義。」

　　成長的過程是苦的，但是當你越堅持這種內在轉
化的過程，你越發現喜悅、平靜和智慧穿透到你的內
在，你就能離苦得樂。

　　人生最大的痛苦是自我成長，最大的快樂也是自
我成長──只要你找得到那個意義。

受苦的哲學

佛教說生命的本質是苦，沒有人能避免生命之苦。但也正因為痛苦，我們才會有所覺悟，我們的靈性才得以成長。

在基督教的苦難神學裡也闡述了許多類似的哲學，逆境是人經由黑暗走向光明，經由傷害走向覺醒，經由痛苦走向喜樂。可見「痛苦」對人格的完整和生命完滿，不但是必然，更是必要的。

　　常有人問道：「如果神愛我們，為什麼祂要讓我們痛苦？」這提問本身就是不正確的。是誰說神要我們痛苦的？神並沒有「要」我們痛苦。神只是藉由痛苦經歷來讓我們體驗自己，這點大家首先必須了解。

　　你想想看，當我們生活很舒適、一切都順心如意，誰會去發現問題？誰會去反省？誰會去想到宗教或神？誰會覺知到自己哪裡出了問題？但當一個人遇到挫敗，生了重病，當一個親人過世，就有一個可能性。當你的情人離開你，你的孩子不理你，在你經歷過無數孤寂的夜晚，你就會覺醒。

　　覺醒就是意識變得越來越清晰。沒有意識，當然就不會覺得痛苦，像醫生幫病人麻醉，使他們失去意識，就不會覺得痛苦，但同時他們也失去覺知。意識是痛苦

的來源，但是同時也能幫助我們覺醒。

我們常說「痛改前非」，痛了才會改，不痛，人是很難改的。當我們的腳刺到、踢到、燙到，一定會跑走或跳起來，絕不會繼續待在那裡，任腳疼痛。

「痛」是一個訊息，是讓我們意識到問題；而「苦」呢，苦的境界就比較深一點，「苦」是讓人得到覺醒。痛是身體的感覺，苦則是心裡的感受。所有動物都可以感覺「痛」，但只有人類會感覺到「苦」。人的靈性比較高的原因也在這裡。

《伊瑪紐之書》（*Emmanuel*）其中有一段話極有意思。

有人向伊瑪紐提出了問題：

「我們該如何去經歷痛苦的狀況，而不至悲苦失望

呢？」

伊瑪紐的回答是：

「要視它們為教訓而不是報應。我的朋友們，信賴生命吧！不管生命似乎帶你走得多遠，要相信這趟旅程是必要的。你已經為了查證真理之所在以及你在該領域裡的扭曲偏失而越過了廣闊的經驗領域。然後你將返回你的源處與核心，你的靈魂本身，不但會感到精神振作飽滿，同時也會更有智慧。」

「痛」是幫助肉體的清醒，「苦」則有助靈體的覺醒。人都在睡夢中，要感覺到痛才會清醒；人經常走歪了，要碰到苦難，才能回頭，才會返回核心的道路。

所以，我一再說痛苦並不是懲罰，也不是要折磨你，那是人們一直以來的誤解，痛苦是來豐富生命，是來讓我們啟發智慧的。明白了嗎？

肉體的痛，引發精神上的苦；

外在的痛，指引出內在的苦；

痛苦可以是一個跳板，也可以是一個深淵。如果受苦時心生抗拒，意識會掉入較低的層次；反之，如果受苦時從容安詳，則會使我們進入更高的意識層次。

從痛苦中得到進化即是智慧，從痛苦中獲得解脫即是喜樂。

所以，我們不能躲避，我們必須經歷那個苦，受苦就是途徑，人的內在尚未完整，要經歷過苦難之後，才能達到完整。

在變好之前

一個想要有錢的人會先經歷窮困；

一個想要成功的人會先經歷挫敗；

一個想要善良的人會先經歷邪惡；

一個想上天堂的人會先經歷地獄……

「變好之前，會變得更壞」，這是宇宙運作的方式，因為靈魂來到世上是為了體驗自己。所以，一旦我們想得到什麼，所有相反的情況就會出現。

我們就以善良來說。現在讓我來問你一個問題。你認為自己是不是一個善良的人？請回答：「是或不是」。那你怎麼知道你「是」或「不是」善良的人？

是不是當你在遇到別人對你不善時，你會原諒或記恨；當你遇到邪惡時，你會寬容或責難，你的表現決定了「你是什麼人」，對嗎？

換句話說，如果沒有不善和邪惡，你怎麼知道自己是不是善良？你必須先經驗相反的事，如此才能證明你是誰，如此才能讓你真正成為這樣的人。

　　沒有善，就不知道什麼是惡；沒有壞，就不知道什麼是好。如果你想感覺到光，黑暗必須存在；你無法避免相反之物。任何事實要被驗證的話，這是最基本的。

　　一些開悟大師都知道這個秘密。所以他們不會去譴責，他們反而感謝迫害他們的人。他們不抗拒相對立的事物，他們反而把它們當做是祝福。

　　此外，有些人常覺得不解：為什麼去求神拜師之後，運勢非但沒有變好，反而更差；還有些人，則是加入某個團體或一開始去修行（修練），就遭遇許多不順的事，以致產生一種錯覺，「是因為『那件事』才開始不順的。」這當然都是誤解。

　　我已經解釋過，知道一件事與經驗它是不同的。一個想要修行的人，怎麼知道自己是否「在修行」或「有

修行」？若一切都平順，又何來的修行，唯有經驗過，你才知道。對嗎？

靈魂也渴望在經驗上知道它自己。那就是為什麼想修行的人會經歷干擾；想成功會經歷挫敗；想感情美滿的人卻變得更糟；想變有錢人，結果反而更窮，原因就在這裡。

往往當我們要求某樣東西時，你將發現自己經歷一些未曾預料的改變，這所有的改變，不是要阻礙你，而是為了幫你準備好去擁有它們。

如果你祈求上天讓你得到更多的愛，你可能不會遇到愛你的人，也可能遇到讓你覺得很難去愛的人。但就在痛苦的摸索互動裡，你變得更懂得愛——然後得到更多的愛。

　　如果你祈求上天讓你得到更多的錢，上天不會冒然給你。祂也許會先給你一部分，看看你的表現。但在錢給你之前，祂會安排給你一些考驗，以使這筆錢真的有利於你的成長。上天也許會讓你更窮困，好讓你懂得如何運用和珍惜。

　　當你明白所謂的「壞」經驗和「壞」結果之所以出現在你生活中，是為了讓你可以體驗你真正是誰，以及使你能擁有你所要求的東西時，你是不是應該開始心懷感恩呢？

　　上天給予我們至為艱困的境遇實則是我們的召喚，也是給予我們機會。對那些想從較低成長到更高

的人，給予我們考驗。

　　所以，遇到困難險阻時，我們應該反過來想：
「此時正是上天對自己的考驗，也是上天給你證明自
己的機會。」當這麼想，你反而會感謝上天對你的
「關照」。

認清自己

人生所有考驗都有一個共同特點：它們是來考驗我們，讓我們認清自己是什麼樣的人。

莊子曾說過一段，孔子「落難」的故事……

有一次，孔子被圍困在陳蔡之間，七天沒飯吃，只喝著菜湯，面色疲憊，可是卻還在室中彈琴唱歌。

顏回在外面採野菜，聽到子路與子貢討論說：

「夫子兩次被魯國驅逐，禁止居留衛國，在宋國被屈辱，不得志於商、周，圍困於陳、蔡，這樣被人趕來趕去，可是，他竟還在彈琴唱歌，真是太不知恥，太沒有責任感了！」

顏回進去把這些話告訴孔子。孔子推開琴嘆曰：「子路與子貢真是淺見的小人，叫他們進來，我跟他們談談。」

兩人進門後，子路說：「夫子，我們很關心您，您的處境可以說是非常窮困了。」

「這是什麼話！」孔子說：「君子通達於道，這叫通；不瞭解道，才叫窮。現在我懷抱仁義之道，卻遭逢亂世，這怎麼教窮困呢！內心若能反省，無愧於道，面臨危難，而不喪失德，大寒至，霜雪降，我們才知道松柏是茂盛的。陳蔡的困阨，對大家不是很好的考驗嗎？」

這就是孔子了不起的地方，他了解那些災難都只是
「考驗」。

那災難並不重要，重要的是我們面對的態度；那失
望並不重要，重要的是我們是否懷抱著希望；那貧窮並
不重要，重要的是我們是否懷抱著理想。

有一次，莊子穿了一件東補西補的破衣。魏王看見
他說：

「你怎這麼狼狽呢？」

「我是貧窮，不是狼狽。一個讀書人不能做他應當
做的事，那才是狼狽。穿破衣破鞋，只是貧窮而已。」
貧窮並不可恥，窮要窮得有志氣，不能因貧窮而喪失心
性。

沒錯，靈魂來到世上都是為了體驗自己。所以重要

的不是你的「處境」，而是你「處事的態度」，明白了嗎？是你的態度決定你是什麼樣的人。

一座山脈的高度並不是憑藉於它的山谷，而是決定於頂峰；同樣的，生命也是由頂峰來決定它的價值。

苦難和貧困的處境或許不算什麼成就，但人卻因這種處境而能成就自己。那些殘而不廢，那些在貧窮困頓中仍努力不懈的人，或許沒能達成世俗外在的成就，但他們積極樂觀的態度，即是一種內在自我的完成，即是到達心靈的頂峰。

上帝看重的是⋯⋯

在《逆境的祝福》一書中讀到一則故事：

一名男子向來自認聰明能幹，經過漫長的一生，他離開人間，來到「另一邊」，等著與上帝面談。他獨自坐在一個明亮的房間裡，這個房間沒有屋頂，也沒有牆壁和地板，時間似乎不存在。他試著適應新環境，焦慮的等待即將來來臨的會面。

「上帝會問我什麼？」他想：「我從來不是什麼思

想家。要是祂問我，生命的意義是什麼，那該怎麼辦？我不曉得該說什麼。我不能說出真相，我忙著追求成功，沒有時間思考這種事情。不過我成就斐然，這點上帝應該知道吧！」

他賣力地回想過去，試著找出一生中達到的偉大成就，好讓他做出充分準備，來回答上帝的問題。

突然間，上帝出現在他面前，「很高興見到你，你能告訴我，你覺得自己在人間做得怎麼樣？」

這名男子如釋重負，深深吐出一口氣。上帝問的這個問題，他有把握能答覆。他自信地說：「我想祢會問這個，所以我列了一張清單，寫下我的成就。我想創業，賺大錢，而我做到了。我希望婚姻美滿，直到我太太去世，我們都沒分手。我希望兩個孩子讀大學，我做到了。我想要一棟豪華的房子，我做到了。我想學高爾夫球，想打完九十洞，我做到了。我想買一艘船，我做到了。還有，我想固定捐錢給一些慈善機構，我也做到

了。」這名男子對自己十分滿意，他心想他的清單一定會讓上帝留下深刻印象。

「總之，」他說：「我無意自誇，但我做得很好，因為我的目標大部份都實現了。」

上帝仁慈地對他微笑：「事實上，你弄錯了。」

「弄錯了？」男子問：「我不明白。」

「你弄錯了，」上帝說：「因為我不看重你達成的目標。」

男子嚇了一跳。「祢不看重？我以為……」

「我知道，」上帝打斷他的話：「每個人都以為，達成越多理想，越有成就就越成功。但在這裡，事情不是這樣的。我不在意你得到了多少自己想要的東西，獲得了多少成就，因為它們無法讓我知道，你在塵世生命中學到什麼。當你遭逢逆境和遇到難題時，我仔細觀察你。從你處理這些難題的做法，才能看出你靈魂的成長與智慧。」

男子感到震驚。他完全弄錯了，他花費一生的時間，努力做對一切事情。「我怎麼知道能從逆境中學到什麼教訓？」他驚慌地想：「我甚至不願承認，自己碰到了任何問題。現在我該怎麼跟上帝說？」

「……」他沉默了片刻，但是不服輸的個性讓他重新振作起來。「不要愣在這裡！」他督促自己：「在人間的時候，你是那麼地善於協商。再試一次！」

他鼓起勇氣說：「老實說，上帝，剛剛我只是想表現得有禮貌一點。事實上，我的生活簡直像地獄一般，充滿了困難、失望、考驗和試煉。有一次我岳母搬來跟我們住好幾個月，還有我腎臟長了兩顆腎結石的那次，還有我最小的兒子，他經常給我惹麻煩。還有我太太，她的問題更多，一談到她，我就停不下來……」

「慢慢講，」上帝答道：「我不趕時間……」

就像美國化學家卡佛（George Washington Carver，

1964-1943）說的：「不要根據成就來評論一個人，而是要根據他走過的艱苦歲月。」

人總在乎「得到什麼」，但神在乎的則是「學到什麼」。那些有錢有勢，有成就的人，看來好像高高在上，但如果他們只關心自己，追求的只是生活享受，意識會停留在很低的層次。相反，那些低下痛苦，物質匱乏……後來反而會進化到較高層次。那就是為什麼聖經上說：「那在後的，將要在前；在前的，將要在後。」

成敗得失只是世俗設下的人間遊戲而已，在屬靈的世界沒有成敗和得失，在神眼裡只有迷和悟，神佛在乎的，只是我們意識是否提升，是否學到什麼。

如果有一天上帝問你同樣問題，你想好要怎麼回答嗎？

　　上帝不看重你是否成功，祂看重的是成長；

　　上帝不會只專注在你的健康，而是更關切你對生命的體會。

　　上帝不是以你的處境為衡量標準，而是你的處事為衡量標準。

　　上帝界定我們的標準不是你遇到什麼問題，而在於你如何面對問題；

　　上帝界定我們的標準不是你愛過多少次，而在於你對愛領悟了多少；

　　上帝界定我們的標準不是你跌倒多少次，而是你爬起來多少次；

　　上帝在乎的是你學到什麼，而不是得到什麼。

好事？壞事？

　　一般人認為所謂的好事或壞事都以世俗的眼光來看，比方，得到是好事，失去是壞事；成功是好事，失敗是壞事；有錢是好事，沒錢是壞事。但是以靈的角度來看，並無好壞之分，所有的成敗得失都只是用來驗證靈魂的測驗而已。

　　神考驗眾人，有時透過財富，有時利用貧窮。考驗富有的人是否樂善好施，考驗窮人則看他是否能知足常

樂。

神考驗眾人，有時透過得到，有時透過失去；有時透過幸運，有時透過不幸。考驗擁有的人是否感恩惜福，考驗失意的人是否能認命接受所有的苦難。神透過不幸和災難，並不是為了懲罰，而是為了幫助眾人進化。

更簡單地說：「好事是一種考驗，壞事是為了成長。」

人們常認為，神是不公平的，他們懷疑，「何以壞事會發生在好人身上？」有的人相信，生命是不講道理，從那麼多無德無能的人卻能夠坐擁財富地位，就是最好的證明。「為什麼好事會發生在不適合的人身上？」

　不，好事從不會來到不適合的身上，它只會降臨在一個適合的人身上，如果恩典突然降臨某些不配的人身上，純粹是為了考驗，如果無法通過考驗，那個幸運將會帶來不幸。就像有人事業做越大，結果因管理不善反而倒閉；有人突然得到一筆錢，反而惹來禍端。

　還有像中樂透彩，一般人都認為那是有福氣，但是以靈來看，那要不是用掉過去累積的福份，就是預支了未來的福氣，不久就會在別的地方失去。

　沒錯，好運不見得是好事。我聽說，有位靈修大師有次無意間聽到新入門的弟子，對來訪的道友誇耀說：「我一直覺得很榮幸，大師在幾百個尋道者中，只挑選我一個人做他的徒弟。」

　大師私下把他找來，對他說：「讓我們把問題搞清

楚，如果說被選中的是你，而不是其他人，那只是因為你比他們更需要接受指導。」

所以，如果恩典突然降臨，我們要注意自己的言行，否則那可能變成一個災禍，讓人「無福消受」。

一個瞎子是看不見光的，但如果突然看得見，那要很小心，如果他直接看到太陽，他一定會受到傷害。我們必須在接受光以前，先改善我們的視力，讓我們眼睛能夠承受光的亮度。在接收恩典也是一樣，我們必需先發展接收的能力。

西方有句諺語：「God tries you with a little, to see what you with a lot.」上帝用小事來考驗你，看你是否能擔重任。神也會用恩典來考驗我們，看我們是否能擔重任。

　　如果是災禍突然降臨，我們更要注意自己的一思一行，因為現在發生在你身上的事，都是為你將接收更多做準備的。每一個逆境和災難都包含一個等值或更大價值的禮物。

　　巴斯德是對的，他說：「機會只會眷顧有準備的心靈。」

　　你必須去找尋你自己的價值，你自己的能力。你必須把自己準備好，當恩典降臨的時候，你才能接收到它。

　　永遠都不要要求，把自己準備好，其他的一切交給神。當時機成熟，就讓恩典發生。如果它沒有發生，我們就知道我們還沒有準備好去接收。

　　一大盆水從天而降，這是好事，還是壞事？很難說，除非我們已經擁有接收的能力，否則就會變成落湯雞。

　　當好運和恩典降臨到不適合的人身上，那是一種考驗。

　　當災難和不幸降臨到不適合的人身上，那是為了成長。

　　沒有通過考驗的人，恩典最後會變成災禍。

　　通過考驗的人，災禍最後會變成恩典。

　　只要拉長時間看，事情並沒有好壞之分。

總數是一樣的

　　這個世界上所有的事情，總是有一得必有一失。愛情能夠給你歡樂，但它同時也給你痛苦；財富可以給你享受，但它也會帶來苦惱；成功使你快樂，但是當失敗之後痛苦將變得強烈而無法忍受。

　　如果你期待某件東西，而你得到了，那是一種快樂。然而相對地，當你失去的時候也會感受到等量的悲傷。得到時是八分快樂，失去也會有八分的痛苦，那個

總數幾乎是一樣的。

有人得到了財富，卻可能失去了健康、家庭或感情；而有人在事業和成就少了三分，則在生活品質、身體健康或時間自由方面多得到三分。有些東西看似不公，如果你細想下去，其實是公平的。

有人認為有錢人比較快樂，這是錯的。一個窮人用幾百塊就能得到的快樂，等他有錢後，可能要花幾萬塊，甚至幾十萬才能得到同等的快樂。當你口味越重，那些東西的口感就越差；當你錢越多，那些錢的價值就越小；當你肚子很餓的時候，給你一顆饅頭那是美味，但當你吃了五顆饅頭，你就會食不知味。

錢太多的人怕被偷被搶；房子太大的怕打掃；吃太多的怕胖，吃太好又怕死。你看，現在有錢人都吃些什

麼，都在吃生菜水果、蕃薯，根莖五穀類，在喝牧草、小麥汁，這些其實都是以前窮苦人家或給動物吃的。

這讓我想起一則故事。

有一隻狐狸，看見圍牆裡有一株葡萄，枝上結滿了誘人的果實，狐狸垂涎欲滴，牠四處尋找入口，終於發現一個小洞，可是洞太小了，牠的身體無法進入。於是，牠在圍牆外絕食六天，餓瘦了自己，終於穿過了小洞，幸福地吃上了葡萄。可是後來牠發現吃得飽飽的身體，讓牠無法鑽到圍牆外，於是，又絕食六天，再次餓瘦了身體。

所以我說，那個總數是一樣的，不是嗎？

鼴鼠是一種寄居在下水道的老鼠。一隻在大河附

近、天天飲滔滔江水的鼴鼠，和一隻在下水道飲水的鼴鼠，並沒有兩樣。事實上，一隻小鼴鼠的腹中又容納得了多少水？飲水過量，除了撐死之外，又有何益？

即使我們擁有了全世界，我們也只能日食三餐、夜寐一床。就算你擁有一百張床，你也只能睡一張床；就算你擁有一千雙鞋，你也只能穿一雙。就算你可以點上一百道菜，但你能吃多少？最多就只能撐飽一個胃，不是嗎？

人來到人世本來就是來體驗的，每個人的財富地位或許有高低之分，但對快樂和幸福的體會並沒高低之別。只是有錢人的快樂比較複雜，窮人的快樂比較單純，就只是這點差別。同時擁有幾個男人或女人，並不會比較單純擁有一個人還幸福。

　　當你快樂時，悲傷便在一旁窺視；而當你痛苦時，那隨之而來的就是歡樂。到了最後，你會發覺，每一樣都配得好好的，每一種痛苦與快樂，每一樣你所得到的和失去的，好的與壞的，到了最後，你仔細去算算看，加加減減之後，那個數字將會是一樣的。

　　或許有人早一點得到，有些人晚一點得到；有人先失去，有人晚失去，但那個總數將會一樣。你曾經有多少快樂，當你失去就會有多少悲傷。到了死亡每件事都會變成一樣。死亡會讓一切都變得公平，在死亡當中，沒有富人或窮人之分，不會說有錢人死得比較舒服，窮人死得比較痛苦。死亡會顯露全部，它一直都是十。

　　有人得到十分，到他離開時候，他就必須失去十分，那將是「十分的痛苦」，這是絕對公平的。

有人得到三，有人得到七；

得到三的，只要三分幸福，就可以得到七分快樂；

得到七的，擁有七分幸福，卻只能得到三分快樂；

有人先得到，有人後得到，有人什麼都沒得到。

先得到的可能先失去，後得到的後失去，沒得到的就不會失去。

那個總數是一樣。所以，人生真的不必太計較，不必刻意去算計，只要去體驗就好。

光芒大，陰影深

在萊茵河畔，一位年輕人正垂頭喪氣地來回走動著，他心煩意亂，想跳河自殺。他正在猶豫不決，一位老人經過他的身邊，問道：「年輕人，你有心事嗎？」

年輕人深深嘆了口氣說：「我叫萊恩，但上帝從來沒給我來恩，年過三十卻一事無成，家裡頭還有個令人厭煩的黃臉婆，這樣的日子我真受夠了。」

老人聽了微笑問道：「萊恩先生，那麼你的理想是什麼呢？說出來，看看我能不能幫你實現。」

　　萊恩說：「我曾有三個理想，做像懷特那樣的超級大富翁，做像斯皮爾那樣的高官，如果這兩個不能實現，那麼我想娶布蕾絲那樣漂亮的女人做妻子。」

　　老人笑：「這並不難，你跟我來吧！」說著，轉身就走。萊恩半信半疑，緊緊跟在後頭。

　　老人帶萊恩先生來到超級富翁懷特的豪宅，見他正躺在床上大聲咳嗽，面前的金盆裡是他剛吐過的帶血絲的痰。牧師轉身對萊恩說懷特先生不惜犧牲自己的健康追求財富，他付出了超過負荷的精力，結果累垮了。他還不知道自己的三個兒子正祈禱他早日升天，好得到大筆的家產。

　　隨後，老人又帶萊恩來到斯皮爾議長的官邸，只見他身邊圍著幾個人，顯然是保鏢。斯皮爾吃飯，保鏢先嘗，斯皮爾睡覺，保鏢都瞪大眼睛盯著他，即使是上廁所，保鏢也隨侍在側。老人對萊恩說：「斯皮爾的政敵很多，稍不注意可能會遭到暗殺。所以保鏢必須寸步不

離。」

　　萊恩嘆了口氣，失望地說：「那他和待在監獄有什麼不同？」老人無奈地搖搖頭說：「我們再去看看當紅、最性感的女明星布蕾絲吧。」說著，他領著萊恩來到布蕾絲的家裡。

　　布蕾絲正對一位傭人大發脾氣，她甚至拿起東西就往傭人身上丟去，傭人不敢吭聲。老人悄悄對萊恩說：「如果她發出聲音，將招致更嚴厲的懲罰。」

　　布蕾絲修理完傭人，要回房睡覺，這時一個女傭走進來對她說：「小姐，伯格先生求見。」布蕾絲眼皮也不抬地吩咐道：「叫他給我滾出去，我們已經離婚了，與他毫無關係。」說完，「啪」一聲關上了房門。

　　萊恩看得目瞪口呆。從布蕾絲家出來後，老人問萊恩：「年輕人，三個理想，你隨便挑一個，我都可以替你實現。」

　　萊恩想了一會兒，說：「不，其實我什麼都不缺，

與懷特先生相比，我有他所有金錢都買不來的健康；與斯皮爾議長相比，我有他所沒有的自由；至於布蕾絲嘛，我老婆可比她賢淑善良多了……」老人滿意地點頭，萊恩也露出燦爛的笑臉。

命運有時只是一個假相而已，所以，當你看一個成功發達的人別光看他的成就，隨著成功而來的有各種的災難；當你看一個落魄悲慘的人別光看他的失敗，隨著那個失敗而來的有各種祝福。

常常，我們只看見成功者偉大的光芒，卻忘了光芒越大，那個陰暗也越深，陰影也越沉。沒錯，有多大的太陽，就有多大的陰影。

　樂極會生悲，否極則泰來。世上根本沒有絕對的
苦與樂，痛苦只不過是破曉之前的黑暗，而歡樂則是
要進入黑夜之前的黃昏。月亮最圓的時候，也就是開
始月缺的時候。花朵盛開到極致的時候，也就是開始
準備凋謝的時候。

幸福相對論

在宇宙的實相中，沒有什麼是絕對的，沒有絕對
的得與失、沒有絕對的苦與樂、沒有絕對的幸與不幸、
沒有絕對的黑暗與光亮……它們只是同一個硬幣的兩個
面。

光亮只是黑暗的反面，跨過黑暗就是光亮，它們是
相對的，這就是為什麼夜晚這麼容易就變成白晝，而白
晝轉過來就是夜晚，它們並沒有分開，它們是連在一起

的。

生命中有苦難，但也有祝福；有困難，但也有快
樂。而如果你兩者都有經驗過的話，你會知道苦難存在
的目的是要讓你可以感受到喜樂；夜晚的存在是為了要
給你一個全新的白天。

正如赫拉克里特斯（Heracliteans）說的：神是白天
與黑夜，神是生與死，神是痛苦與喜樂……白天如此
美麗，那是因為有黑暗；生命如此可貴，那是因為有死
亡。沒有歷經不幸，就很難體會幸福；沒有真正的苦
痛，也就沒有苦盡甘來的喜樂。

我聽說，有個人去問一個禪師說：「我們要如何避
開冷和熱？」
禪師回答說：「嘗盡冷和熱。」

　　這是很有意思的一則公案，那個問話的人其實要問的是：「我們要如何避開痛苦與快樂。」用冷和熱來隱喻痛苦和快樂，那是禪宗表達的方式，而禪師的回答則是一語道破，要去避開最好的方法就是去面對，去嘗盡冷和熱。因為避免了痛苦，也就避開了快樂。

　　所以，一個真正了解的人不會去逃避，一個已經領悟的人不會去抗拒那些壞的、不好的或不幸的事。一個成熟的人不會說：「我只要喜樂，我不想要苦痛。」那是不可能的，你可以選擇山峰而不要山谷嗎？你見過只有山峰而沒有山谷的山嗎？

　　有山峰就會有山谷，有高度就會有深度。喜樂如果是高度，那麼苦痛就是它的深度，深度有多深，高度就有多高，那就是為什麼成長是痛苦的，你必須去經歷，去面對那些痛苦，一旦你深入它們，你才有更高的智慧

達到真正的喜樂。

當一顆種籽要變大樹，它必須先掉入土裡，根進入泥土越深，樹長得越高。你不可能發現一棵十公尺的樹，只有十公分的根，這樣的根支撐不了如此高大的樹。只有當你活過那較低的，你才能進入那較高的。

新的高度帶來新的視野，沒有爬得那麼高，絕對不會看到這片景色。

宇宙的運行需要靠正反兩極的交互運作，只有正極而沒有負極是違反宇宙法則的。如果生命是正極，那麼死亡就是負極，兩者必須平衡，人生的進行才會順利。陰與陽、正與邪、善與惡、苦與樂、喜與悲、黑與白……兩者都被接受，人生才完整。

死亡是為了重生

你相不相信有一部份人之所以死亡，是他們自己想死的，這聽來有點駭人，卻是真的。我觀察過許多罹患重症的病人就是這樣，他們之所以死亡，不全然是治療失敗，而是他們求死意願超過了求生意願，死亡反而是「完成了心願」。

當然，由於我們自己不想死，因此很難想像有人會想死。我們是以人來看生命，肉體死亡生命就結束了；

但以靈魂角度來看，死亡卻是另一個重生。

我太太的姐姐罹癌去世，當時她也感到難過不解，「為什麼那麼快就走了？」

「也許她覺得離開比留下來更好。許多精進的靈魂覺得生命沒有創造的價值和意義就會提早離去。」我告訴她。也許她不想再拖著這樣的病體，也許她不想繼續沒有希望的未來……我們無法去瞭解靈魂的旅程。或許她已經完成了這一生她必須做的，她選擇進入另一個生命旅程，學習其他的功課。或許她的死亡是要給親人朋友一個成長和躍進也說不定。

死亡帶來比生命更棒的啟示，那是一種真正的加持，死亡給人強烈的機會去了解生命，「生命是什麼？」如果死亡會帶走一切，那生命是什麼？

　　人活著並不只是為了要付卡費、水電、瓦斯費、健保費、電話費；也不是為了要繳房貸車貸，或買股票；我們活著更不是為了跟人爭權奪利、爾虞我詐，否則人為什麼要生下來，明知免不了一死，又何必那麼大費周章呢？明知什麼都帶不走，又何必搞得那麼複雜？

　　死是來教導我們如何活。所以，我常說，葬禮其實是為活人而舉行的。若不是死亡，人可能早就忘了靈魂，忘了來到人世做什麼？就是因為有死亡，人們才開始去尋找那些不死的；要不是死亡，人將繼續執著下去，永遠都不可能放下……

　　換句話說，我們所有的欲求和執著都是基於對死亡的遺忘。一旦一個人清楚地覺知死亡的確定性，他就對物質的興趣，瞬間就喪失，他會開始去探詢，他會開始覺醒。

　　在生命中我們執著，而死亡將帶走我們一切的執著，假設我們看出這一點，將為死亡報以感激。我們做不到的事情，死亡幫我們做到；我們活著沒學會的，死亡讓我們學會。

　　學會怎麼死亡的人，就學會怎麼活。如果我們能從別人的死得到很多啟示，我們生命將完全改變；如果我們能從自己的死得到很多啟示，我們將得到完全不同的出生……那將會是最好的重生。

　　當我們看到有人死了，我們會感到難過，因為他們是在提醒，死亡也會找上我們，他們是讓我們得到覺醒。

　　懂得死亡的人才懂得怎麼活。假如我們很執著，
我們的占有慾很強，那死亡對我們而言將是很痛苦的
經驗，我們會吃盡苦頭；我們受苦並不是因為死亡，
而是我們緊抓、占有、放不下的那一切。

在生命中我們執著，而死亡將帶走我們一切的執著，假設我們
看出這一點，將為死亡報以感激。我們做不到的事情，死亡幫
我們做到；我們活著沒學會的，死亡讓我們學會。

靈魂永生

　　如果生命最終會歸零，那人為什麼還要努力？這是生命最讓人困惑的地方。

　　如果你所擁有的都帶不走，為什麼要一直辛苦奮鬥？你如果知道自己蓋的大樓，最後終將成為一堆廢墟，那麼當初又何必建造它？

　　我們經常會聽到一些說法，認為死亡將會帶走生命

的所有意義，所以人的一切努力都是沒有意義的，因為死亡最後將會毀滅一切。

存在主義大師卡謬（Albert Camus）就曾寫道：如果身體是唯一的真相，在你裡面沒有任何超越身體以外的存在，那活著又有什麼意思呢？何必活得那麼老？何必受苦受難？明天醒來的目的何在？似乎一點意義也沒有。

所以，一定有某樣東西是超越肉體和死亡的，否則人又何苦來哉？沒錯，這答案就是靈魂，這超越肉體和死亡的就是靈魂的進化。

就我們的靈魂而言，死亡並不存在，所謂「死亡」只是「靈體離開了肉體」，就好像一個人搬家了一樣。當靈體已完全離開肉體，醫生就會宣佈他已經「死

了」，但肉體雖「死」了，靈體還是「活」著。

　　肉體只是靈魂在物質世界的載具而已，就好像每個電玩遊戲中有一個讓我們操控的主角一樣，遊戲中的主角只是為了讓我們在遊戲中存在而產生，當遊戲結束時，這個主角也就消失。

　　死者脫離肉身時，他看著自己已經死亡的肉身，這才恍然大悟，原來他不是那個身體。身體會死，但你並不會死，了解這點就了解了生命，我們所稱生命並非真實生命，那只是我們對肉體的認同，而錯把身體視為生命。

　　你想過嗎？當你的身體睡著的時候，你在哪裡？當你長大，老了，那個兒童時期和年輕時的你在哪裡？在你出生之前，你又在哪裡？如果你了解身體只是借來的

軀殼，你只是借住在它裡面，你對生命的看法就會完全
不同。

俄國文學家托爾斯泰（Leo Tolstoy，1828-1910）曾
做過這樣的比喻，他說，人生的境遇就很像建築的鷹
架。只供工人進行該建築的工程施工，其本身非最後目
的，是暫時性的。一旦建築完成，鷹架就該拆除了。或
許在建造那個成就的當中，你將會改變，當你在創造的
過程中你將會成長，你將從中學到東西。

他說得對，那個「鷹架」或「軀殼」並不是真正的
要點，「你」才是重點，重要是你的成長進化，明白了
嗎？

　　當我們用肉體來活，不斷追求物質，終究難逃一死，最後歸零。

　　當我們以靈魂來活，不斷成長進化，即是不朽。因為靈魂永生。

如果身體是唯一的真相，在你裡面沒有任何超越身體以外的存在，那活著又有什麼意思呢？何必活得那麼老？何必受苦受難？明天醒來的目的何在？似乎一點意義也沒有。

事物遺忘，智能保留

　　你有沒有這樣的經驗：去某個地方，好像似曾相識，卻怎樣也想不起來曾經來過；遇到某些人，明明是第一次見面，卻有明顯的好惡；對於自己有興趣的事物，可以廢寢忘食……其實這很可能都跟你前世記憶有關。

　　我們的身體或許是新的，但意識卻並不是新的。我們的身體就好像是一個新的瓶子，但是裡面卻裝著很老

的酒。就像有些小孩，一生下來個性（文靜、外向、急躁）、特質（勇氣、誠實、自私等）或才能（如語言、數學、音樂等），「與生俱來」就不同。

我有一位同事他最小的女兒從出生開始，只要一聽到韓德爾（Handel）的「水上音樂」組曲立刻就會靜下來，起初他也不以為意，但是有幾次當女兒正在哭鬧的時候，他想測試是否有效，於是他就放一些樂曲，怪的是別的音樂似乎都沒多大作用，而每一回只要「水上音樂」一出來，女兒立刻就靜下來。

「這是怎麼回事？」他覺得不解。

「在懷孕的時候你和你太太有沒有經常聽這首樂曲？」我問他。

「沒有啊！」

「那我只能說，這孩子要不是韓德爾，就是英王喬治一世來投胎的。」我笑說。（「水上音樂」組曲首演

於英王喬治一世登基，在行駛於泰晤士河的船上演奏，
亦即水上演奏音樂）。

我承認這說法似乎過於武斷，但是有些小孩可以無
師自通，讀書寫字，或有驚人的記憶，這該如何解釋？
莫札特（Mozart）六歲就能為管弦樂團譜寫協奏曲，這
作曲能力又是從何而來？他若非前世是個音樂家，便是
出生時他的腦部「硬碟」便已安裝才華出眾的「套裝軟
體」。

但累世的記憶不是會被遺忘嗎？是的，記憶會被
遺忘，但智能（智慧與潛能）卻不會。我們就以音樂的
智能為例，如果某人在前幾世都有修習音樂，那麼在這
一世，他很可能對音樂就會特別感興趣，他對音調、節
奏、曲調的才能也會特別突出，如果他繼續學習。最
後，在他的下一世，很可能一出生就展現音樂天份，甚

至是個所謂的神童。

累世記憶的特性是：事物遺忘，智能保留；細節忘記，原理保留。譬如說，你小時候學過九九乘法，隨年紀增長，你會慢慢忘了當時學習這些算術的不愉快時光，但是你運算的能力，並沒有被遺忘。

同樣的，有的人學東西，可以一學就會，甚至可以舉一反三，有些人卻要學習多次，原因也在這裡。我們今世的智能，都是前世累積的總合而遺留至今，即使一切細節已不復記憶。

有一本埃及的書叫《死亡之書》（Necronomicon），裡面有提到這樣一句話：「無知並不是其他，只是忘記。」以前知道的東西被忘記了，所以我們才會不知道。

　　一般人來到人世多半都是無知的，一切事物都要從基本開始，一切從頭學起。

　　但是當我們學習到一定階段之後，便開始與前世的智能銜接，一旦銜接住了，人生頓時豁然開朗，好像突然「開竅了」。那並不是新的東西，只是被你遺忘而已。所有我們學過的都會保留下來，只是你不知道罷了。

　　人都太過短視了，人們看目標不可能達成就放棄，那是因為對生命無知，不瞭解靈魂的永恆性，在輪迴當中，時間是不重要的。開始於這一世，常結果於下一世。

　　這一世中，我們無法達成，也許是在下一世；這一生沒有到達目的，也許在下一生。千萬不要輕言放棄。

但是當我們學習到一定階段之後，便開始與前世的智能銜接，一旦銜接住了，人生頓時豁然開朗，好像突然「開竅了」。那並不是新的東西，只是被你遺忘而已。所有我們學過的都會保留下來，只是你不知道罷了。

學過都不會白費

　　英國作家路卡斯說：「你所下的功夫都不會白費的。」我很認同這句話，因為這也是我的體會。

　　大約在十年前吧，我正忙於臨床醫療工作，但醫院的主管卻希望我能參與一些院刊編輯和行政事務，我當時非常抗拒：「為什麼要找我？這根本是浪費我的時間。」

　　主管知道我意願不高，他告訴我說：「多學一點不

會錯的，任何你所學都不會白費。」剛開始我就當自己倒楣，沒想到事隔不久，有期刊找我當編輯，之後是出版社找我編審書籍，後來又幫幾家報社和雜誌寫專欄，寫了幾年之後，專欄集結成冊出書，就這樣又引發了我寫作的興趣，寫了醫學書籍幾年又轉而寫心靈勵志書，一直到現在……回想起來，真的料想不到。

我想跟大家分享一則故事，這故事出自昆妮絲‧卡文斯所寫的《靈光一現》，在書中對我想傳達的概念有很好的描述：

有一個年輕的摩洛哥女孩，父親是個紡織商人，他的生意很成功，因此他帶她到地中海中旅行。在途中他想將布匹賣掉，也想為女兒找個有錢人嫁掉。不料颶風把船吹翻，沉沒在埃及岸邊，父親死了，女兒漂流到岸上。悲傷又落魄的她幾乎記不得自己過去的生活是什麼

樣子，她孤獨地在沙灘上徘徊。一個織布人家碰到她，收容了她，並教她如何織布，於是她就這樣住了下來。

幾年過去，有一天她到沙灘上走走，竟被一些奴隸販子抓走。他們由東往伊斯坦堡去，將她帶到那兒的奴隸市場賣掉。一個做桅竿的男人到市場買奴隸，結果他看到這個女人，產生了同情心，就將她買回家服侍他的妻子。但是在送貨途中海盜搶走他投資的貨櫃，他沒有錢買其他的奴隸了，於是他、妻子與這個女孩必須自己做桅竿。這個女孩工作非常賣力，而且從不休息。主人看到她的能力表現，不但還她自由，還讓她當了合夥人，從此她過著快樂的日子。

一天主人要她隨著一船的桅竿送貨到爪哇去。她同意了，但是船駛出中國的海岸時碰上了颱風，她的船又翻了，她被吹上陌生的海岸。這時她開始痛恨自己的命運，她仰天問道：「為什麼這些悲慘的事都發生在我身上？」沒有人回答她。她從沙灘上站起來，往內陸走

去。

　　當時中國流傳著一則傳說：有個異國女子會出現，幫皇帝做一個帳篷。因為全中國沒有人會做帳篷，所有的人都在注意境內有沒有外國人出現。每年皇帝會派人到各地將異國女子帶到皇宮中製作帳篷。

　　因此這女孩也被送到皇宮中了。透過翻譯，她知道皇帝要她做一個帳篷。

　　「我想應該沒問題。」她說。她要求給她一些繩子，但是中國沒有。於是她想起小時候做過的紡織工作，她要了一台紡織機和一些絲線，將絲紡成繩索。然後她要一些厚布，但是中國沒有。於是她想起以前在那戶織布人家學來的手藝，而織成一種帳篷需要的厚布。她又要一根撐竿作支柱，中國還是沒有。於是她回想以前做桅竿時的經驗，照著做出了一根竿子。等所有的東西都備齊了，她就盡可能地回想自己一生所見的帳篷模樣，最後她終於拼成了一個帳篷。皇帝非常驚訝她的手

藝超凡，而且相信古代的預言為真，便給她任何她想要的東西。她留在中國，嫁給一個非常好的男人，生了一堆孩子，快樂地活到老。

她終於了解，當初的不幸事件發生時似乎很悲哀，但最後卻成為她一生幸福的來源。

任何的辛苦都不會白捱，凡走過的路，都不會是冤枉路。這就是我要傳達的。

事情會發生都是有原因的，那個原因都是為了要幫助你。

每一個痛苦都有它的意義，每一個難題，都含有更大機會的種子。

　　記住：「你所下的功夫不會白費，總有一天你會
在別的地方用上的。」

任何的辛苦都不會白捱，凡走過的路，都不會是冤枉路。
事情會發生都是有原因的，那個原因都是為了要幫助你。

抱憾表示無憾

我想很多人都有類似經驗，感覺自己被騙，或是懊惱如果當初做另一個選擇，現在一定會更好，一心想回到當初做決定的時間點，希望能阻止事情發生，那麼現在就不會那麼痛苦難捱。

然而，如果真的讓我們回到最初，就會有不同選擇嗎？不，你還是會選同一條路，因為沒有經歷、沒走過那段時光，你就不會發覺，你就不可能知道。

　　現在的你已經不同，你覺得後悔，甚至抱憾：「早知道我就如何如何。」你說：「如果我那時就知道我現在明白的事就好了！」但這種種領悟，不就是過去的「無知」所開展出來的嗎？

　　事實上，沒有前面的迷失，就沒有後面的覺悟；沒有前面的失敗，就沒有後面的成功……

　　有個乞丐，餓了多日，遇到一個好心的人，送了他一籠熱騰騰的包子。

　　他拿起包子就狼吞虎嚥地拼命吃。由於餓了多天，而包子的味道又是那麼香，他一直吃到第九個包子，才覺得心滿意足。

　　終於他抹了嘴，看到所剩不多的包子，心中覺得很懊惱：「早知道我只要吃第九個包子就好了，還可以省下八個呢！」

　　沒有前面的包子，又怎麼可能會有後面的飽足？這就是我要說的，若不是由於過去發生的那些事情，你將不會是今天的你。

　　你可以回想一下，過去某個時刻，發生過你不了解的事。現在，當你以成人、更年長、更成熟的眼光回顧，你有發現你從中學到什麼？可能你由那裡學到最多；也許因為那個經驗，你做了不同的決定，也許你改變了你的路，也許你選擇了不同的人生，對嗎？

　　抱憾表示無憾。過去那些跌跌撞撞、風風雨雨，只是要讓你覺悟用的，經過那些事情，你才知道要改變，不經過那些事，你不會反省自己，不會生出智慧來。

　　所以，當一件事情發生時，不要用好壞、得失、對錯、快樂的、悲傷的去評論，也不要抱憾，應該從中

去體悟。我們要好好地從自己所經歷的人事物認真去學習，了解他們教給我們什麼，並把這些經驗分享給別人。

如此，一切也就了無遺憾。

遺憾、後悔無濟於事，只有一個方法，可以讓過去的錯誤帶來好處：那就從中學習。

我們必須把自己的想法從「成－敗」變成「成長－收穫」。

我們必須把自己的想法從「得－失」變成「成熟－提升」。

以更宏大的觀點來看人生，讓自己達到一個存在的新層次。

沒有錯誤，只有學習

凡事萬境，從靈體的角度看來並無吉凶禍福之別，在在都正是為了幫助我們進化。當然，總是不會，你才需要去學會；總是無法得到，你才真正的學到。

生於阿姆斯特丹的猶太哲學家史賓諾沙（Baruch Spinoza）說得對：「每件事的發生都有其必要性。」生命中一切都是必要的，沒有什麼是不必要的。一切發生的事，都是必須發生的。一切發生的事之所以會發生，

都有某些深刻的因由。

「這件事為什麼發生在我身上？」

也許你太習慣掌控一切了，這件事要教你學會耐心和順服。

或者：你太自大，太頑固，你需要碰到這種事，好讓你學會謙卑。

你太看重事業，如果不讓你生病，你根本不懂得照顧自己和家庭。

你太看重感情，如果不讓你失戀、離婚，你永遠學不會愛自己。

　　是的，無論我們目前的處境多麼令人不快，我們都可以從中學到一些東西。

　　當你有這種意識之後，你不可能失去什麼；你會成長，關係即使結束，你也不會有任何損失，你已學到以後如何做得更好。經由不斷犯錯，我們學會什麼是錯誤，怎樣才能不犯錯，而經由知道什麼是錯誤，人們就會越來越接近真理。

　　我想起印度國父甘地在他的自傳裡，就提到不少他年輕時代所做過的荒唐事，除了違背宗教戒律偷吃肉外，還包括偷吸菸、偷竊、嫖妓等，以及結婚後如何沉迷於肉欲，而疏於照料病重的父親等等。

　　這些原都是讓人極為難堪、羞愧，而急欲掩飾的事，但甘地卻毫不迴避地正視它們，最後終於成為一個

「最接近完美的人」。

　　所以，何必太過苛責呢？任何錯的事情都只是表面的，因為我們並不知道靈魂和進化，所以才會患得患失，只為了眼前以及片面的感知而受無謂的苦。

　　記得《靈魂符碼》（1998年，天下文化，*The souls code by James Hillman*）書中有句話：「人生沒有可遺憾的，沒有走錯的路，沒有真正的錯誤。用必然的眼光看我們所作所為只是本來就要做的。」

　　沒有錯誤，只有學習。對錯不是重點，重要的是你從錯誤中學到什麼；贏輸不是問題，問題是你是否有從中學到東西，這才是重點。

　　要不是由於過去發生的那些事情，你將不會是今天

的你，不是嗎？

人來到地球上本來就是來學習，既然人生是來學的，那麼碰到問題應該自問，「我學到什麼？」

地球是我們的學校，日常生活即是訓練的場所。不要避開它，不要試圖逃避它。相反地，要去經歷它，很全然地去經歷它。

把今日的錯誤，當明天的導師。那就永遠不會錯！

啊，原來如此

　　在美國黃石公園裡有一種常見的松樹叫「屋樑松」。這種松樹的松塔（果實）可以掛在樹上好幾年也不脫落，而且松塔的鱗片特別緊密，即使落在地上，在狂風烈日下鱗片也不會張開。只有在強大的高溫作用下，這些鱗片才會綻開，彈出種子。

　　夏末秋初雨水少，森林隨時可能發生大火。在火災來臨時，樹林被烈火吞噬，同時大火的高溫也打開屋樑松松塔的鱗片，釋放出儲備已久的種子。由於有堅固的

種皮保護，這些種子得以平安度過危險，火災過後，被燒死的動植物為土壤留下豐富的養份，由於沒有其他樹種的競爭，第二年春天，在一片灰爐中，這些種子破土而出，不久滿山遍野全是屋樑松的幼苗。正是由於每次火災過後，屋樑松總能最早佔領「地盤」，所以它們漸漸成為黃石公園裡分佈最廣的樹種之一。

人生何嘗不是這樣。有時候我們得花上好幾年的時間，才搞得清楚，這些日子以來，我們的日子究竟是怎麼一回事。總是要走過一段迷途，當我們回首來時路，才會恍然大悟；啊，原來如此。

那也就是為什麼禪師父會說：「在一個人開始尋道之前，流水是流水，山是山；當一個人進入道之後，流水不是流水，山不是山；最後當一個人到達目標之後，流水又再是流水，山又再是山。」

　　那是什麼意思？禪師的意思是：在剛開始你會覺得所有的一切都模糊不清，你會覺得無望，覺得想放棄，然而當雲霧要散去，一切都豁然開朗，你就會恍然大悟。引自美國女作家蘭歌（Madeleine L'Engle）的話：「事情就是這樣開始的。轉瞬間，你領悟到，它們一直明明白白地擺在眼前。」

　　原來那不是絕路，而是一條嶄新的道路；原來在冬雪下，竟埋有春天的種籽。

　　我聽說有個人，買了一棟擁有大庭院的房子，他一搬進去，就將那院子全面整頓，雜草樹木一律清除，改種自己新買的花卉。某日原屋主來訪，進門竟大吃一驚地問：「那最名貴的牡丹跑到哪裡去了？」那個人這時才發現，他竟然把牡丹當草給鏟了。

後來他又買了一棟房子，雖然院子更雜亂，但他按兵不動，果然冬天以為是雜樹的植物，春天裡開了繁花；春天以為是野草的植物，夏天裡成了錦簇；半年都沒動靜的小樹，秋天居然紅了葉。

就像歌德（Johann Wolfgang von Goethe, 1749-1832）提醒我們的：「有時我們的命運宛如越冬的果樹，誰想到乾枯的枝椏還能轉綠，並綻放花朵？」

你走到窮途末路了嗎？千萬別氣餒，或許是我們生命中的松塔，在幫我們蓄積力量，等待時機，成為「浴火鳳凰」。

無論你喜歡與否，上天都會讓我們按照某個時間表來成長，我們不必時時刻刻盯著時鐘或月曆。我們

必須注視自己的心靈，了解內在是否準備好，當時機成熟時，答案就會知道。

當久旱逢甘霖的時候，澳洲野地裡的種籽，幾乎一夜之間就冒出燦爛的花朵。

在一個人開始尋道之前，流水是流水，山是山；當一個人進入道之後，流水不是流水，山不是山；最後當一個人到達目標之後，流水又再是流水，山又再是山。

誰都料不到

人生之中有很多事必須拉長時間來看，不要只看眼前，事情會如何發展誰都料不到……

貝多芬（Ludwing Van Beethoven, 1770-1827）的母親懷他的時候，已經生了八個小孩子，其中有三個耳朵聾了，兩個眼睛瞎了，一個智能不足，而且母親懷他時，還身染梅毒。

　　如果當時由你來預測，你會認為懷裡這個孩子，出生以後，將來能有什麼出息嗎？

　　泰戈爾（Rabindranath Tagore, 1861-1941）是印度最偉大的詩人之一，他是家中第十三個孩子，其餘十二個孩子都默默無聞。他於二十三歲時結婚，生有二子三女，後來長女次女相繼夭折，幼子傷亡，妻子也去世了，在這種情況下，多數人可能認為他對人生早已心灰意冷。然而他卻大鳴大放，他著有二十九本小說、劇本和詩集和兩千多首歌曲。印度的國歌即是泰戈爾寫的。孟加拉國的國歌也是他的作品。

　　他於一九一三年，以《頌歌集》獲得諾貝爾文學獎金，這是東方人獲得這項榮譽的第一人。誰能料到？

　　生命就像這樣。我們什麼都不知道。有的事我們稱作不幸，有的事我們稱作幸運，但是到底是幸或不幸，

其實我們都不知道。

我們也許認為某些事是好事，然而我們並不知道接下來會發生什麼事。我們對某件事覺得挫折沮喪，但其實我們並不知道情況會是什麼結果。

一九九二年，美國的總統布希，競選連任的夢想破滅了，他竟然敗給了民主黨的柯林頓。這場選戰失利，不但令他怒火中燒，更是挫折沮喪。

後來，他的兒子小布希出馬，進入白宮，不論他是要替父親報仇，或是實現自己的政治理念，他在共和黨內，能爭取到提名資格，那其實要歸功於老布希的連任失敗；因為，沒有他父親的敗北，他不會去競選德州的州長，而沒有這五年來擔任州長的行政資歷，他就不具有爭取黨內提名的資格。

　　就像一句股票諺語：「利多出盡是利空，利空出盡是利多。」我們無法料到事情會如何發展。當山窮水盡，接下來可能即是柳暗花明。生命最好的事情往往都會在我們最少企盼它們的時候突然發生。

　　人生縱有無限的機會與可能性，它們只會在適當的時機向我們顯露。所以，對於心中尚未解決的問題要有耐心，不要急著去得到答案，也不會有答案，因為誰都無法預料。

最好的安排

下面是我改編的一則老故事……

在東海海濱有一座古老的寺廟，廟很小，只有一個看門人。但是據說這廟裡的神非常靈驗，有求必應，因此專程前來廟裡祈禱與膜拜的人絡繹不絕。

看門人看著神每天應接不暇，要應付芸芸眾生那麼多要求，很是同情，他暗自希望能為祂分擔解憂。

就在看門人祈禱了許久，向神表明這份心願時；意

外地，他聽到由上天傳下來的一個聲音，說：「好呀！我們輪流一下，你上去坐坐看吧！」不過祂提出了一個條件：「當你在上面時，不管看到什麼，聽到什麼，都不能說話。」這個要求應該不難，看門人欣然答應。於是，神走下來，看門人坐上去。

每天前來膜拜的信徒虔誠依舊，看門人也一依照先前的約定，靜默不語，聆聽信徒們心聲。

他們的祈求，有合理的，有不合理的，千奇百怪不一而足。但無論如何，看門人都忍住不說。直到有一天……這一天，先是來了個富翁，當富翁祈禱完後，竟然忘了手邊的錢包便離去。

接著來了一位三餐不繼的窮人，窮人祈禱神能幫助他渡過生活難關。正當窮人要離開時，意外發現了先前那位富商留下的袋子，一打開，裡面全是錢。窮人喜極而泣：「真靈，這神真是有求必應！」他萬分感激地離去。

接下來有一位要出海遠行的年輕人到來，他是來求神保佑他平安。正當他要離去時，富翁匆匆跑回來，一口咬定是他撿了錢，抓住年輕人死不肯放……兩人鬧得不可開交之際，看門人終於憋不住，他說出了真相……不消說，富翁立即跑去找那個窮人，而年輕人也匆匆起身去趕那班船。

當他們都走後，神不高興地對他說：「你怎麼可以說話呢？你已經違背了承諾！」

看門人也不高興回道：「我把真相說出來，主持公道，難道不對嗎？」

神說：「你可知道？那位富翁並不缺錢，他那袋錢是準備用來嫖妓的，理應丟失；那個窮人一家都快餓死了，那袋錢本可救這一家子；而最可憐的是那位年輕人，本來富翁一直糾纏下去，延誤了他出海的時間，他還能保住一條命，而現在，他所搭乘的船正沉入海中。」

　　命運的特色是在發生之際，我們很難了解它的意義。所以，困惑之心便隨之而生。很自然地，我們很容易就會失去耐心，我們會懷疑：「為什麼？」

　　然而，我們還看不出答案，並不表示事情沒有答案，只是還沒有看到而已。

　　你只要知道，現在的情況就是對你是「最好」的，到最後你就會發現，一切都是最好的安排。

　　每一件發生在我們身上的經歷和事件，都將指向一個更加廣大、完美的計劃，遠非我們一時片刻所能想像。

　　我們要對人生的境遇有信心。不論上天怎麼安排，都欣然接受，最後你會發現：原來我這一輩子，所經歷的一切過程，所擁有的一切，真的是最適合我的。

命運的特色是在發生之際，我們很難了解它的意義。所以，困惑之心便隨之而生。
很自然地，我們很容易就會失去耐心，我們會懷疑：「為什麼？」
然而，我們還看不出答案，並不表示事情沒有答案，只是還沒有看到而已。

神不可能弄錯

你有沒有想過，鳥兒怎知遷徙？楓葉怎知轉紅和落地？一顆種籽怎麼知道它要在什麼時候發芽？樹木如何在正當的季節開花？

整個宇宙的運作，是那麼地神奇，你不必指揮身體細胞進行分裂，也不必教導傷口如何癒合，如果你傷到自己的手，你的血管、身體以及手立刻會開啟一個自癒的過程，每一樣東西都運作得好好的。

　　現在注意一下你的呼吸、心跳，沒有你的控制，它們還是照常進行。在每天二十四小時，你呼吸兩萬三千次，你的心臟跳動十萬次，抽出四千三百加侖的血液，送到長達六十萬哩的微血管裡循環流動達一千四百五十次……這是你在運作的嗎？不，這並非由你所主導，如果呼吸、心跳交由你掌控，你早就死了，根本不可能存活下來，因為你隨時會忘了這回事。與別人吵架的時候，你會記得呼吸這回事嗎？晚上睡覺的時候，你會記得心跳這回事嗎？不，你怎麼可能記得呢？

　　那麼你和你的命運又是怎麼回事呢？它又是怎麼運作的，難道你認為這完美的運作到你的身上就停止了嗎？你認為那是隨便安排的嗎？

　　我們對舒適安逸從不會感到疑惑，但當事情不是我們所想的或喜歡的，當我們搞不清，就開始疑東疑西，

這是很奇怪的……你也搞不清楚胃怎麼運作，當你把麵包吞下肚子，它就會把它變成血糖；當你睡著，肝幫你解毒，胃一樣幫你消化，光這些「神跡」就足以見證這運作中那莫測高深的智慧。你認為神會搞錯嗎？

耶穌說：「如果神會照顧著鳥兒、動物、草木和星期天，那你還擔心什麼？難道祂不會照顧你嗎？」

將祂與我們平庸的智慧相提並論，這就如同想把大海中的海水全部往一個茶杯中倒。我們怎麼可能完全領會？

所以，不管你了不了解生命的奧秘，將自己放開來，接受上蒼的指引，信任上蒼的安排，信任生活中所呈現的一切，都在成就我們的生命。既然大自然的一切都是如此睿智的安排，我們必須相信，發生在我們身上

的事情，必定有某種理由。

沒錯，神不可能弄錯的。

引自《聖經》〈傳道書〉中的句子，事事皆為上天的祝福：「凡事都有定期，天下萬物都有定數。」

每一件事情發生都有理由，雖然你或許還沒領悟到，但那是另一回事，每件東西的存在一定有某種目的，而這目的一定是幫助你。

不結婚能夠幫助你，結婚也對你有幫助，每一個遭遇都對你有幫助。我說每一件事：甚至你生的那場大病，甚至連那個都有幫助；甚至連你所愛的人離你而去，甚至連你事業失敗而破產，是的，甚至連那個都有幫助，每一件事都有幫助。這必須成為生命的基本信念。神不可能弄錯的。

交給上帝吧！

就在幾天前，我讀到一則故事……

麗莎的父親因心臟病突發緊急被送進了醫院，當她走進父親病房時，母親一句話也沒說，她們默默地抱在一起，淚流不止。麗莎坐在母親的身邊，不斷為父親祈禱。

之後，整整三個星期，她和母親就這樣日夜守護著。

　　一天早晨，父親終於醒了，雖然他的心臟穩定了，但其他器官卻出現了問題，性命依然危在旦夕。

　　接下來的日子，除了和父親母親在一起的時間，麗莎都在醫院的小教堂裡，憂心地一直禱告著同一句話：「祈求上帝讓我父親活下去吧！」

　　一天晚上，她接到先生的電話，先生在電話那頭說著：「要相信上帝的答案，親愛的。」麗莎恍然大悟，原來自己之前的祈禱都錯了。

　　第二天清晨，麗莎在醫院小教堂裡平靜地祈禱：「親愛的上帝，我知道我的答案是什麼，但對父親來說這並不見得是最好的答案。您也愛他，因此我現在要把他放在您的手中，讓您做最好的安排。」

　　在那一瞬間，她覺得如釋重負。不管上帝的答案是什麼，她知道對父親都是正確的。

　　兩個星期後，她的父親去世了。

　　父親去世後的第二天，先生帶著孩子們趕來了。

他們的兒子哭著說：「我不要讓外公死，他為什麼會死呢？」

麗莎緊緊抱著兒子大哭一場。從窗戶遠望，她看見蒼綠的群山和碧藍的天，想著她深深敬愛的父親，也想到他遭受的永遠無法治癒的病痛，她想開了。

先生手放在她的肩上，麗莎輕輕地說：「顯然，這就是答案！」

當事情的發展不如預期，當然，我們會覺得挫折沮喪，因為我們不知道災難為什麼降臨在自己頭上，也看不出災難對自己有什麼幫助。現在，我們正身處在一個從「無助」到「了解這一切究竟是怎麼一回事」的過度時期。

在這段過度的時間裡，信任是最重要的。試著像教宗若望二十三世一樣地告訴自己，「我盡全力，其餘的

就交給主。」

這就對了，你想要掌控一切，但上帝希望把一切交給祂。這就是答案！

當你陷入絕境的時候，將思維轉向上帝，問問自己：

「上帝希望我怎麼想、怎麼做？」

只要盡力而為，其餘就交給上帝吧！

有信仰，沒信任

很多人有信仰，但真正信任神的人卻少之又少。

當人們遇到災難或想得到什麼福份的時候，通常都會去求神，為什麼去求神？因為信仰，人們相信自己所信仰的神可以幫助他們。

然而問題也出在這裡，如果神佛可以無端地為人降恩賜福、消災解厄的話，那麼，以祂（們）大慈大悲之

心，世上理應早已「天下太平」。為什麼祂（們）不這麼做？

大多數人認為經由祈求，可以賜福、可以消災解難，是因為他們相信這是神所「主導」的。卻很少有人反過來想，既然神主導，那為什麼神要這麼安排？

人們會去要求，基本上是一種不信任。如果我們真的信任，我們就不應該去要求。當你去教會、去寺廟，看看人們對神祈求，他們在說些什麼？「喔，神請你幫我，請保佑我一家平安」「某人陷入絕境了，請幫他渡過；他找不到工作，請幫忙他……」就好像神不知道該做什麼一樣。

什麼是信任？在順境中哪有信任的問題，當然是遇到考驗時才有信任與否的問題。事實上，當你在祈求，

你根本就沒有任何的信任。因為如果你信任的話，你根本就不需要祈求。

我們不應該懷疑生命為什麼，也不該向神要求什麼；反而是，應該試著瞭解，神對我們有什麼期待。換句話說，人不該問：「我為什麼會遇到這種事？」我們必須了解，自己才是被詢問的對象。生命把問題呈現給我們，我們必須藉著對生命負責的態度去尋求答案。

祈求和尋求是完全不同的兩回事，事實上，只有那些不願去尋找的才會祈求。你越了解神，對祂的要求就越少。

　　信任神就是對生命信任，如果它帶你進入黑暗，你就進入黑暗；如果它帶你走出黑暗，你就走出黑暗；不管生命把你帶向哪裡，你都全然地接受，沒有勉強或不願意。信任是不論發生什麼，你都不懷疑，就像種籽信任地融入黑暗的泥土中，讓自己消失，然後長成一棵美麗的樹。

　　去相信「一切都是好的」，那就是信任神的意思。

記住：你是那個靈

　　每天早晨起床後，我們看到太陽在東方升起，在西方落下。假如我們相信自己有限的洞察力，我們會認為太陽是圍繞地球轉的，而地球是平的。

　　我們對於事物的看法也是這樣。當我們看得太近，由於目光短淺，我們就無法看到「全相」。

　　我們看到地球是平的，但它是圓的；我們看到的是

災難，但它是祝福。因為我們只看部分，沒看到整體；我們只看外在，沒看到內在。所以我們會對神、對命運，對生命的種種遭遇一再地誤解。

如果你已經明白，發生在你生命中的每一個問題，都屬於一個更偉大的計畫，都是為了你好，你還會一再抱怨嗎？

如果你已經知道，所有發生在你身上的事，無非都是為了幫你進化，你還會如此抗拒嗎？

如果你已經了解，我們遭遇一切人事物的源頭與本質是神、是靈，你還會疑惑、還會自怨自艾嗎？

一旦了解靈魂進化，我們對生命就會有「全相」的了解。整個生命就會有很大的躍進，就像飛機往上飛過

雲層，從地面上看來，天空是灰濛濛的，好像太陽不存在。但是只要你在飛機上，穿過雲層，就會發現太陽燦爛地照耀。

當你了解得越深，你就越信任，對所有周圍正在發生的事就越開放。你將很容易跟自然宇宙和諧地連結在一起。

我們每個人來到人世都不是突如其來的，也不是偶然的，從很久很久以前，就來過這裡。我們就像一條河流，從遙遠的地方流下來，曾流過山巒，也曾流過低谷，曾陷入漩渦，也曾經一再地碰撞石頭……曾幻化成蒸氣，也曾變成天空上的雲朵，然後又再度回到河流。靈魂只是來遊戲、只是來體驗的。所以，要對經驗敞開，不管它是怎麼樣，一切順其自然，只要順著生命之流走。河流迂迴繞著山陵而行，但最後一樣到達大海。

上蒼已為我們準備好讓我們豐富和圓滿的一生，只要我們多一點信任。是的，只要你信任靈魂，信任上蒼的安排，信任生活中所呈現的一切，都在成就我們的生命。你就會從抱怨轉為感激，就會從「自怨自艾」變為「自願自愛」。漸漸地，你會發現問題不再是問題。

永遠要記住：「你是那個靈。」這是最重要的。一個清楚自己是靈魂的人，永遠不會在經驗中忘卻自己正在扮演那位經驗者的角色。

看不清我們靈魂面貌的人就無法看到生命的「全相」，也無法享有真實的生命。

結語

印度吠陀經中有一句話：「真理只有一個，哲人用不同的名稱來描述它。」生命的目的也一樣，目標只有一個，我們所經歷的都是表象，深層的目的，都是為了靈魂進化。

只要明白這一點，你就立於不敗之地。我們永遠不可能輸，還有比這更令人欣喜的事嗎？那就是為什麼有些人即使過得極度艱困仍能保持喜樂，那些教徒、修行

者的態度就是如此，一個生命鬥士的態度也是如此，因
為他們已經了解了。

如果我們必須跌倒，那麼就讓自己跌倒，不要抗
拒；如果我們必須生活在黑暗裡，那麼就生活在黑暗
裡，但是要快樂地，歡喜地去生活，要「如實」地去接
受。

什麼是「如實」？

舉例：你生病了，如實的態度就是去接受它，對
你自己說：「身體就是這樣。」或：「事情就是這樣
子。」不要抗拒。

是的，事情就是這樣，凡人都會生病；是的，事
情就是這樣，凡人終將一死；當你不對抗，你就超越。

你不再抗拒，因為自然就是這樣。突然，你層次更上一層，平常被你視為干擾的事情，現在變得泰然處之、雲淡風輕。

古人說：「自然就是不知其所以然，才叫做自然。」

老子說：「『道』就是『自然』。」莊子則把支配萬物那個冥冥之中的力量叫「道」。

簡單地說，一切順其自然，這就是「道中之人」，這是一種教徒的態度。當然，你不一定要有宗教信仰，但要有宗教態度──如實地接受，那你就「悟道」了。

猶太教士莫許的一位門生很窮，他向老師抱怨自己的可憐處境阻礙了學習與禱告。

「在這個時代，」莫許說：「最大的奉獻在於完全如實接受這個世界，這比學習與禱告還偉大。」

「如實」是最能提升我們靈魂。對上天臣服，這要比學習與禱告對靈魂的進化幫助更大。

當然，這並不是說凡事都不需要努力，並不是這樣，臣服不是屈服。「如實」是運用上天賜予我們的能力、才智和力量，盡力而為。其餘的就接受，就交給上天。這才是「如實」的意思。

你不需要知道「如何」接受，只需要有接受的意願。上天會安排這個「如何」的發展。明白嗎？

所以，不要把生命變成一個問題。生命是來豐富我

們的，笑是美麗人生的一部分，哭泣也是美麗人生的一部分，為什麼要去分別呢？哭也是一天，笑也是一天，為什麼不用微笑去面對每一天？

　　一個人的靈魂進化與否，雖每個人的主題不一，內容也因人而異，卻都指向了同一個方向：那就是喜樂。就像某人曾說過的：「山路很多條，山頂卻只有一個。」這山頂就是喜樂，一個層次越高的人越喜樂，不管你走在哪一條山路上……

　　當生命陷落時，微笑吧！

《幸與不幸都是福》

說幸福是好的，是有福的，這點大家都可以理解，但是說不幸也是福，這就奇怪了，不幸怎麼會是福呢？

沒錯，不幸也是福，而且它還是比幸福更大的祝福，只是不幸的人總是「身在福中不知福」。

很疑惑是嗎？會疑惑是正常的。當我們不了解某件事情的原委，不明白整件事的來龍去脈，當然會覺得困

惑，這也就是為什麼會有這本書。

說來這已是個老問題了，曾經一而再、再而三地被問過，因為大家還是很困惑。如果神是仁慈，是無所不能的，那麼，為什麼祂要讓不幸的事發生？祂本來可以讓每件事都平安順利，讓每個人都無憂無慮，祂為什麼不這麼做？這世界為什麼有這麼多悲慘、病痛、不公平……，為什麼？

祂的確是仁慈的，也有足夠的能力做最好的安排，而那就是祂一直在做的。你之所以覺得疑惑，那是因為你還沒看到整個結局，明白嗎？這是需要一些時間的。你不應該這麼急著下結論，不該這麼沒有耐心，你應該多給生命一點時間……

引用華格納（Jane Wagner）的話：「你不能期待自

己會有洞見，能夠突然讓你理解一切。不過我認為，如果洞見使你陷入較深層的迷惘，這倒也是第一步。」走出第一步，然後這本書就是第二步——這是很大的一步，它能掀開讓你迷惘的那層紗，讓你了解那些你所謂的不幸——「為什麼會是你？」、「為什麼你會發生這種事？」原來是一個祝福。

了解並不是要去改變，不是的，了解是幫你提升認知的層次，讓你看清整個生命的本質與事情深層的意義，然後透過那個「了解」，你就會接受、你就會蛻變，你就會得到了悟。

在地球上我們全都是過客，這裡並不是我們的家，我們在此只是為了去經驗、去成長，只是為了回到彼岸喜樂的家在做準備。我們就像孩子被送進學校般地進入這個生命，這只是一個學習的場所，這並不是我們的

家，所以不要留戀、不要佔有、不要執著著不放，否則當夜晚來臨，當生命終了，你將錯過回家的路。

你已經錯失很多次了，你一再又一再地被送回來，也一再一再地受苦，那其實都是有原因的，除非你學會這一課。